Voyages De François Coreal Aux Indes Occidentales, 1666-1697, Volume 2...

François de Coreal, Sir Walter Raleigh

VOYAGES

DE
FRANÇOIS COREAL

AUX
INDES OCCIDENTALES,

Contenant ce qu'il y a vû de plus
remarquable pendant son séjour
depuis 1666. jusqu'en 1697.

TRADUITS DE L'ESPAGNOL.
AVEC UNE

RELATION

*De la Guiane de Walter Raleigh & le Voyage
de Narborough à la Mer du Sud par
le Detroit de Magellan &c.*

TRADUITS DE L'ANGLOIS.
TOME SECOND.

A AMSTERDAM,

Chez J. FREDERIC BERNARD 1722.

RELATION DES VOYAGES

DE FRANÇOIS COREAL

AUX

INDES OCCIDENTALES,

Contenant une Description exacte de ce qu'il y a vû de plus remarquable pendant son sejour, depuis 1666. jusques en 1697.

TROISIEME PARTIE.

✺✺✺✺✺✺✺✺✺✺✺✺✺✺✺✺✺

CHAPITRE PREMIER.

De l'autorite du Viceroi du Perou. De L'Archevêque de Lima & des autres Ecclesiastiques. Sejour de l'Auteur à Lima en 1694. Description de Lima. Maniere de vivre de ses habitans &c. Les environs de Lima.

LA Ville de *Lima* est une des principales villes, non seulement du *Perou*, mais encore de toutes les *Indes Occidentales*. Le Viceroi du *Perou* y reside, comme l'on sait

& elle eſt le ſiege d'un Archevêque, qui ne pourroit pas dire qu'il n'a ni or, ni argent, puiſqu'il a plus de trente mille ducats de revenus fixes, ſans conter le tour du bâton. L'Archevêque d'aujourd'hui a toute la magnificence d'un grand Seigneur, & toute la gravité d'un Apotre. Il ne lui manque plus que de faire des miracles : mais il n'eſt pas né pour cela, & ſes mœurs ne feront jamais auſſi auſteres que celles de Sainte Roſe. Le Viceroy d'aujourd'hui eſt un des plus riches Seigneurs d'Eſpagne, avec cela tres charitable & generalement eſtimé. Sa Cour eſt des plus ſuperbes.

Quand un Viceroi arrive aux *Indes*, pour gouverner le *Mexique* ou le *Perou*, il ne manque jamais d'apetit. C'eſt un loup affamé qui devore tout ce qu'il rencontre. Apres avoir dépenſé en Eſpagne tous ſes revenus, pour parvenir à l'une de ces Viceroiautés, Il vient chercher aux *Indes* des moiens infinis pour s'enrichir. Il eſt maitre des emplois qui vacquent par la mort de ceux qui les occupent, & il les remplit juſqu'à ce qu'il
y ſoit

y foit pourvû de *Madrit*. Les *Corre-gidores* partagent ordinairement les faifies avec le Viceroi, & le commerce fecret produit des gains immenfes aux uns & aux autres. Tels font les profits qu'ils font au transport du vif argent hors du *Perou*, & aux marchandifes qui viennent par d'autres voies que les Gallions. Les particuliers qui font ce commerce rifquent de fe ruiner entierement, s'ils ne s'accommodent avec les Officiers Roiaux : mais cet accommodement eft fort difficile, parce que ces Officiers veulent tout pour eux. Le plus court eft de s'entendre avec ces Meffieurs & de leur prêter fon nom : car c'eft un moien infaillible pour gagner beaucoup.

Le Viceroy du *Perou* porte le titre de GOUVERNEUR & CAPITAINE GENERAL *de tous les Roiaumes & Provinces de L'Amerique Meridionale, des Audiences de* Lima, Chucifaqua, Quito, Panama, &c. de VICEROY *du* Chili, *de la* Province des Amazones, *de* Terra Fierma. Ses apointemens fixes vont à quarante mille ducats ; & le tour du bâton

A 2 in-

infiniment au delà. Plus de cent *Corregidores* dépendent de lui. Il eſt le Chef de la Juſtice & il nomme à toutes les Charges Civiles & Militaires, avec cette reſtriction, que cette nomination ſoit aprouvée & confirmée. Tout cela ſe fait avec rapidité parce que le tems preſſe. Cinq années, qui ſont ordinairement le terme fixé pour la Viceroiauté, bien qu'il arrive ſouvent qu'elle eſt continuée au delà, s'écoulent fort vite. Ainſi les *Corregimientos* & les autres Charges ſe rempliſſent avec diligence, & toujours à beaux deniers comptans.

L'Archeveque a des Vicaires qui poſſedent auſſi des revenus conſiderables. Generalement tous les Eccleſiaſtiques de *Lima* ſont fort à leur aiſe : auſſi n'ont ils pas l'humilité en partage. Ils ne paſſent pas non plus pour fort éclairés, & leur ſavoir eſt tres mediocre. Il eſt vrai qu'on envoie des (*a*) Livres d'*Eſpagne* & de

Flan-

(*a*) Il s'imprime auſſi divers livres à *Mexico* & à *Lima*, où il y a des imprimeries, auſſi bien qu'en quelques autres Villes des *Indes* : mais ce ſont des Ouvrages de peu d'importance.

Flandres au *Mexique* & au *Perou*, mais ces livres font deftinés uniquement pour les Eglifes & les Convens. Il y en a fort peu d'autres en ufage, & * generalement les habitans de ces Païs là font gloire de ne rien favoir. Les Jefuites de *Lima* paffent pour habiles & éclairés. Ils ont trois ou quatre beaux Colleges, où ils inftruifent fort bien les enfans des Creoles, des Efpagnols & des Indiens: mais comme l'ignorance eft hereditaire aux *Indes*, ces enfans devenus grans affectent ordinairement de ne pas dégenerer de leurs Peres.

Tout ce que j'ai dit dans ma premiere partie, du relachement des mœurs des Ecclefiaftiques du *Mexique*, peut s'appliquer à ceux du *Perou*. Depuis le plus petit jufqu'au plus grand, on s'y addonne au libertinage & aux plaifirs. (Je prie mon Lecteur de faire exception d'un petit nombre d'honnêtes gens diftingués par leur vertu.) Ce qui me paroit infupportable eft le commerce des gens d'Eglife; mais malgré ces fcandales des Ecclefiaftiques, ils ont le

A 3 fe-

* Voies Ch. dern. de la prem. partie.

secret de se faire encore respecter.
Aprés cela il ne faut pas s'étonner
des abus qui se glissent parmi les Seculiers; & l'on peut fort bien mettre
par Ironie, dans la bouche des Ecclesiastiques cette Apostrophe en quatre vers Espagnols, aux Peuples de
ces beaux Roiaumes des Indes.

Vulgo loco y desattento
Que te paghas de mentiras?
Esta enseñança, y documento,
Que nos deves, es tu guia.

Peuple fou & etourdi,
Est ce ainsi que tu te paies de men-
    songe?
Tu Nous dois cet enseignement, &
    cette doctrine.
C'est nous qui te guidons.

Lima est un des principaux rendés-
vous des Missionnaires de l'*Amerique
Meridionale*, qui entretiennent d'é-
troites correspondances avec les Jesuites de cette Ville, de même qu'a-
vec ceux de *Buenos-Ayres*, de l'As-
somption &c. Ces correspondances
concernent l'état des Missions du
Paraguay, de *Parana* & de l'*Vra-
    ghai*;

ghai; la converfion des infidelles de
ces Provinces ; la Difcipline des Indiens fujets des Jefuites, & le commerce que ces Hommes Apoftoliques
font dans l'interieur de ces Terres
inconnues aux Efpagnols, parce
que les Peres ne leur permettent pas
d'y entrer, & qu'ils defendent rigou-
reufement à leurs Indiens d'avoir
commerce avec nos gens.

J'étois à *Lima* en 1694. au plus
fort de la guerre que nous avions
alors avec la *France.* On parloit
affés diverfement du fuccés de cette
guerre ; mais en general elle déplai-
foit beaucoup aux vrais Catholiques,
qui ne pouvoient foufrir qu'on s'al-
liât avec les Heretiques, pour détruire une Puiffance, qui étoit le
feul rempart de la Religion, & l'afy-
le d'un * Prince qui perdoit trois
Roiaumes pour une fi bonne caufe.

La Ville de *Lima* donne fon nom
à la premiere & la principale des Audiences du *Perou.* Cette Ville eft
peuplée de plus de douze à quinze
mille Creoles ou Efpagnols, & peut
être de quarante mille Negres. C'eft
A 4 une

* Jaques II.

une race qui multiplie extraordinairement dans les *Indes Occidentales* , à
caufe du luxe & de la faineantife des
peuples ; & je m'étonne qu'elle n'ait
point encore excité de facheufe re-
volution ; car ces Negres s'aguerrif-
fent & font fort adroits.

La Ville eft environnée de murailles , & defendue de plufieurs baftions
& de remparts de la hauteur de quatre toifes : mais pour le canon , qui
devroit y être , il eft encore à la
fonte. Ainfi l'on peut dire que *Lima*
eft fans aucune défenfe. Les Rues
font belles & tirées au cordeau :
mais les maifons n'y font gueres que
d'un étage , rarement de deux , à
caufe des tremblemens de terre. Du-
refte elles font belles , ornées , (au
moins celles qui font prés de la
Place) de longues galeries fur le devant , & l'opulence qu'on y voit
montre que l'or & l'argent font fort
communs dans le *Perou.* Une partie
des toits des maifons eft couverte
de toiles groffieres & l'autre l'eft de
rofeaux ; ce qui n'eft pas un incon-
venient, parce qu'il ne pleut point à
Lima. Comme le luxe regne dans les
moindres chofes , lorfque les richeffes

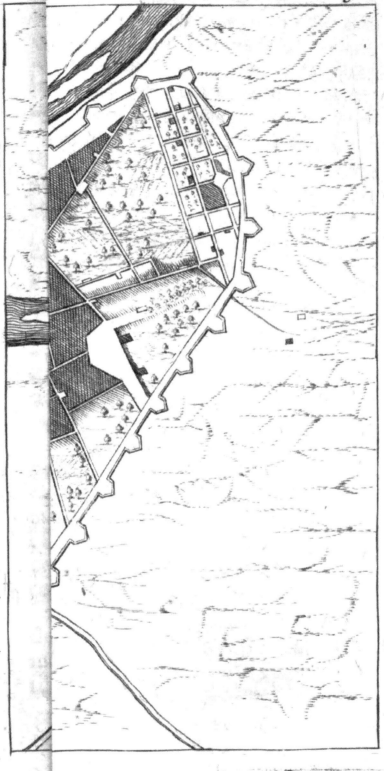

ſes ſont communes & faciles à acque-
rir, la magnificence s'étend ſouvent
juſqu'à la couverture des maiſons : car
les plus riches couvrent les toits de
nattes fines & tiſſues avec beaucoup
d'art, ou même de belles toiles de coton. On plante des arbres autour des
maiſons pour ſe garantir de la chaleur du Soleil.

Ce que les maiſons perdent en
hauteur, elles le regagnent en largeur & en profondeur. Il y en a
pluſieurs qui occupent juſqu'à deux
cens pieds en largeur. La profondeur eſt à proportion de la largeur ;
car elles ont quelquefois dix ou
douze grans apartemens de plein
pied.

La Place Roiale de *Lima* eſt fort
belle. On voit au millieu une fontaine de bronze, ornée d'une renommée qui jette de l'eau. Les côtés de
l'Eſt & de l'Oueſt ont divers Edifi-
ces publics, tous ſuperbes & bien
ordonnés.

La riviere qui traverſe *Lima* forme
des canaux pour la pluſpart des
maiſons : ce qui eſt d'une grande u-
tilité aux habitans, pour arroſer leurs

A 5 jar-

jardins, & pour plusieurs autres u-
sages.

Les Eglises & les Convens de
Lima regorgent de richesses & brillent par la magnificence. La Religion est étoufée, pour ainsi dire, sous
l'or & l'argent, & son humilité s'y est
comme aneantie. Je n'entre pas dans
le détail de la magnificence de la
Mayor, (qui est la principale Eglise,)
des Convens des Jesuites, de Saint
François, de Saint Dominique &c.
Il sufit de dire que le Domaine de
l'Eglise est un autre *Potosi*. Tant de
Saints, qui sont d'or massif & revêtus
de pierres precieuses, fournissent tous
les jours, par leurs operations mira-
culeuses, de nouveaux prétextes
pour envahir des thresors; & les Devots ne se croiroient pas exaucés,
s'ils venoient prier les mains vuides.

Les pierres, qui servent à la con-
struction des bâtimens de *Lima*, ne
sont, à ce qu'on m'a dit, qu'une eau
petrifiée, qu'on tire d'une source auprés de *Guancabilca*; & ce qu'il y a
d'admirable est, que beaucoup de
belles statues & autres ornemens
qu'on voit dans les Eglises & dans
les Palais de *Lima*, ne sont autre
chose

chofe que cette même eau, dont on remplit le moule, qui a la figure, la draperie & les traits qu'on veut donner à la ftatue.

Les habitans de *Lima* & du *Potofi* font en general les plus riches du *Perou*. Cent mille & cent cinquante mille ducats ne font pas un Capital extraordinaire dans cette premiere Ville. Le moindre bâtiment qui fort du port de *Callao* en vaut ordinairement huit cent mille. Le Threfor du Roi qui part de *Lima* vaut au moins vint & quatre millions de pieces de huit: mais avant qu'il foit arrivé de *Lima* à *Panama*, à *Porto-Belo*, à la *Havana*, &c. les *Corregidores*, les Commis, les Douaniers &c. tous gens de bon apetit, en rognent chacun leur part. Les Couriers, qui donnent avis de l'arrivée & du départ de l'*Armada*, s'expedient fort fecretement. Du refte cette *Armada* eft fort delabrée, & les mariniers de la *Mer du Sud* font les plus grandes bêtes que je connoiffe. Il eft vrai qu'à force de courir cette mer la routine leur tient lieu de fcience & d'habileté.

Ces trefors du *Perou* joints à ceux

de la *Nouvelle Espagne* &c. feroient
enfemble plus de cinquante millions
de pieces de huit, fi les Officiers
Roiaux ne les entamoient confiderablement. C'eft ce que j'ai oui dire
à Dom *Antonio de Mata*, riche negociant de *Lima*, qui pouvoit en
favoir quelque chofe, aiant demeuré prés de quarante ans aux *Indes*.

Si l'on confidere la quantité d'im-
pofts qui font établis ; le quint de
l'or, de l'argent, du cuivre, du
plomb &c. qui revient au Roi ; le
revenu des Mines d'Argent vif & la
decouverte des nouvelles Mines ; le
quint qu'il perçoit fur les joiaux ; la
moitié des * *Havacas* qu'il doit retirer ; le droit fur le tranfport des
lingots quintés ; quatre pour cent fur
les Marchandifes ; le provenu des
Charges, des Offices & des Comman-
deries ; le droit qu'il a fur les *Pulpe-*
rias ou Cabarets ; les confifcations,
les heritages de ceux qui meurent fans
heritiers ; le profit de la monoie &c. fi,
disje, l'on confidere tout cela, ces
threfors n'auront rien d'extraordinaire.
Mais, comme j'ai dit, il y a dans
les,

* Threfors qu'on découvre.

les *Indes* une infinité de pillars du premier ordre, qui n'ont d'autre vue que celle de s'enrichir ; de Moines & d'Ecclefiaftiques qui fucent le Peuple & l'Etat jufqu'aux os ; de gens inutiles & faineans , qui vivent des penfions du Roi & des Vicerois.

Les Habitans de *Lima* , ne doivent rien à ceux de *Mexico* , pour l'exterieur devot. Ils ne font pas, mais ils fe piquent d'étre les meilleurs Chrétiens du monde. Cette affectation va prefque plus loin qu'à la *Nouvelle Efpagne* , & cela les rend infuportables , fur tout quand on compare à cette pretendue Devotion la grande fenfualité des Perouans , toutes les fraudes qu'ils commettent dans les Affaires Civiles , & les chicanes perpetuelles , qui ne font que trop autorifées , lorfqu'on a trouvé le fecret de corrompre ceux qui doivent rendre la juftice. Un homme qui fe fent chargé de crimes fe croit enfuite fi bien reconcilié avec l'Eglife , lorfqu'aprés avoir entendu la Sainte Meffe, il a eu l'honneur de baifer la robe de Saint François , ou la manche d'un Dominicain , qu'il recommence à nouveaux fraix fes injuftices avec

A 7

la.

la même impunité qu'auparavant : parce que d'un côté il est soutenu des Moines, & de l'autre d'un Juge inique. C'est à propos de cela qu'un Flamand, l'un des hommes les plus éclairés que j'aie connu à *Lima*, me disoit : *Je ne suis point étonné, qu'on pille le Roi dans un Païs où la chicane tient lieu de justice, où il n'y a pour toute Religion que beaucoup d'hypocrisie, & où les gens achettent à prix d'argent la liberté de pécher.*

Mais avec toute cette affectation exterieure de devotion, qui les fait passer dans l'esprit de ceux qui les voient la premiere fois, pour des gens qui croient n'en faire jamais assés ; j'ai observé en tout le tems que j'ai demeuré au *Mexique*, & au *Perou*, qu'il est presqu'impossible aux gens de ces Païs chauds de s'attacher à la pieté, s'ils n'ont toujours devant les yeux des moiens agreables qui reveillent leur attention. J'attribue ce défaut d'aplication à leur indolence & à leur sensualité : mais quoiqu'il en soit, cette ignorance & cette paresse de corps & d'esprit dans laquelle ils aiment à vivre, & qui les empêche de s'apliquer

quer à la priere & à la devotion
fans le fecours des plaifirs, autorifent
une infinité (*a*) d'amufemens ridicules & pueriles , dont les Moines, &
même les Jefuites, fe fervent , pour
leur faire gouter la devotion.

C'eft ce qui donne aux Ecclefiaftiques le privilege de folennifer toutes les Fétes de l'Eglife par des dépenfes exceffives en reprefentations,
ridicules, en Mafcarades, en feux
d'artifice , en Proceffions , où les
Saints brillent d'or, d'argent & de pierreries. On croiroit que cela ne merite que la devotion des petites
gens , mais on fe trompe : car les
plus diftingués croient avoir été fort
pieux , quand ils ont eu beaucoup
d'attention à écouter les plaifante-
ries des Moines mêlées aux fanglan-
tes flagellations des Penitens , & les
boufonneries ridicules qui accompagnent ordinairement la Morale que
les Predicateurs repandent dans les
fermons.

C'eft encore ce qui attire aux
Convens une infinité de richeffes,
aux-

(*a*) Voiés là deffus *Fraifier* dans fon *Voiage*
à la *Mer du Sud.*

auxquelles nos gens & les Creoles contribuent fort volontiers : parce qu'ils se persuadent que ce qui se dépense en ces occasions est donné pour l'amour de Dieu. A cause de cela les Creoles appellent *Aumosnes*, tout ce qu'ils donnent alors.

C'est enfin ce qui attire de tous côtés à *Lima* un nombre infini de Moines, dont les Convens remplissent la Ville, ou du moins en occupent les plus beaux quartiers. Je ne donnerai pas le détail des richesses de ces Convens, qu'il est dificile de bien exprimer, mais qu'il est aisé d'indiquer en gros, par la magnificence qui frape du premier coup d'œil. Je ne dirai rien non plus des dépenses que font les Ordres Religieux, pour *primer* les uns sur les autres, lors qu'ils celebrent les Fêtes de leurs Fondateurs, qu'ils accompagnent ordinairement de quelque miracle signalé, pour relever l'éclat de leur Saint.

Un autre abus tres frequent dans le *Perou*, c'est la facilité avec laquelle on rompt les mariages, qui est cause d'une infinité de séparations scandaleuses : mais cela n'est pas surprenant dans un Païs où l'on ruine sa santé

pour

pour rafiner en fait de plaifirs de l'a-
mour, & donner tous les jours aux
fens quelque chofe de nouveau. A-
prés quoi, à la premiere infirmité de
fa femme le mari fe dégoute &
cherche un pretexte au divorce.
Celle-ci en ufe de même, lorfqu'elle
voit que malgré tous les efforts
qu'elle fait pour *attifer le feu* qui
s'éteint, il n'y a plus moien de *l'allu-
mer*. Des pretextes de devotion
leur fourniffent alors celui de fe
retirer au Convent des femmes
feparées, où il eft permis de vivre
comme l'on veut. Cependant on
trouve à *Lima* une infinité de vieux
pécheurs tout perclus, qui tachent
encore de fe fatisfaire par la vuë, &
qui effaient fouvent de reünir par le
fecours des remedes tout ce qui refte
de force à la nature.

J'ai parlé de la vie licentieufe des
Moines du *Mexique*. Ceux du *Perou*
ne leur cedent point, & ne s'en cachent pas beaucoup : auffi entend
on fouvent ceux qui fe querellent
dans les Rues de *Lima* s'appeller
hilyo de frayle, fils de Moine. Ce
que je dis de la licence des Moines
doit s'apliquer aux Religieufes. Le
liber-

libertinage des Convens va même fi loin, que plufieurs membres de ces Communautés fe trouvent à la fin hors d'état de pouvoir guerir des maladies que la débauche leur caufe.

Quoique les habitans du *Perou* foient d'un libertinage & d'une fenfualité extraordinaires, & qu'ils mêlent continuellement (*a*) la debauche & la devotion : Cependant ils affectent dans leurs exercices de pieté une aplication fi forte, qu'on diroit qu'ils font en exftafe. J'entrai une fois chez un de ces Devots de *Lima* nommé *Antonio Velafco* de *Xaranca*, que je trouvai dans cette élevation compofée. Son attitude étoit burlefque. De grans yeux tout à fait ouverts & immobiles, qui fe remuoient enfuite avec beaucoup de violence, qui hauffoient & baiffoient de même en roulant avec vivacité. Des foupirs tirés avec force du creux de la poitrine, & finiffant par un remuement bizarre des levres, qui me fit connoitre qu'il recitoit fon

Ro-

(*a*) Voiés encore la confirmation de tout ceci dans le *Voiage de Fraizier à la Mer du Sud.*

Rofaire: car il l'avoit pendu au col, & le regardoit de tems en tems, en faifant les grimaces d'nn poffedé. Comme cet homme étoit fort laid, je fus fi frapé de fa devotion, que je n'en perdrai jamais l'idée.

Je me fuis trouvé fouvent à parler d'affaires avec des *Creoles*, qui interrompoient cent fois la converfation, pour marmoter des prieres fur leur Chapelet. Cependant la juftefle avec laquelle ils repondoient à mes queftions, me fait croire qu'ils n'étoient gueres attentif à leurs prieres, & qu'au contraire leur devotion étoit des plus mechaniques.

Leur fierté, on du moins leur indolence, eft fi grande, qu'il faut quelquefois bien des façons pour leur arracher les parolles. Ils repondent par un figne de la tête, ou de la main, quand ils croient qu'on n'eft pas digne de leur converfation : & lorfqu'ils jugent à propos de parler, ils font trainer les paroles, ou ne parlent qu'à demi mot.

On n'eft pas moins credule ici fur les fortileges & les charmes, qu'au *Mexique.* C'eft une opinion affés commune par toutes les *Indes*, que l'on l'on peut jetter des charmes sur les hommes, les bêtes, les plantes &c. que les Idolatres Indiens & les Heretiques sont tous sorciers; que le Diable les change en bêtes &c. J'avouë de bonne foi, que j'ai eté moi même fort infatué de ces croiances, avant que d'en avoir eté desabusé par les Anglois, qui tombent pourtant en d'autres extrémités, en ne craignant point du tout le pouvoir du Diable. Les femmes ont la sotte & ridicule mode de porter au col une main benite de * bois de figuier, tenant le pouce elevé pour repousser la maligne influence des yeux de ceux qui les regardent trop fixement. Et si malheureusement il s'en trouvoit quelqu'une qui se crût sur le champ incommodée par de tels regards; pour peu que le regardant fût soupçonné, il seroit mis à l'Inquisition, & courroit risque de perdre la vie.

Enfin les Peuples du *Perou*, & generalement de toutes les *Indes Occidentales*, ont une extreme confiance aux Bulles que N. S. P. le Pape envoie

* Higho.

voie tous les ans en *Amerique.* Ces
Bulles contiennent des Diſpenſes,
des Indulgences &c. & il s'en fait
un grand trafiq dans les *Indes*, ainſi
que je l'ai déja dit dans la premiere
Partie de cette Relation. Je ne doute
pas que ces Bulles ne produiſent
beaucoup de profit aux Eccleſiaſtiques des *Indes*, qui en diſpoſent,
moienant un certain droit que ce
trafiq paie au Pape & au Roi, ſuivant ce que j'en ai apris.

Si parmi tous ces abus, les Eccleſiaſtiques continuent à augmenter
toujours leur Authorité & leur Domaine aux *Indes*, il eſt à craindre
que le Roi d'*Eſpagne* n'y devienne
leur Vaſſal. Car ils font continuellement de nouvelles acquiſitions en
biens meubles & immeubles : de
ſorte que les biens de l'Egliſe étant
inalienables & ne ſe partageant pas,
comme les biens des Seculiers, cette
maſſe, qui croit ſans ceſſe, leur don-
nera un pouvoir immenſe. Peut être
que ce que je crains ſe verroit dejà,
ſi les Jeſuites étoient plus unis aux
autres Ordres Religieux : mais ceux-
ci les craignent, & ne ceſſent de leur
donner des marques de leur jalouſie.

ll

Il faut rendre cette juſtice aux Jeſuites , qu'ils gardent parfaitement les
aparences : mais ils ne ſont ni moins
avares , ni moins ambitieux que les
autres.

Les gens de *Lima* , qui ſont un
peu à leur aiſe , vont fort rarement à
pied. La voiture du Païs c'eſt la
Caléche tirée par une , deux & quelquefois quatre mules. J'ai parlé de
la magnificence des habits & de quelques (*a*) ameublemens de *Mexico* &
du *Potoſi* ; mais elle n'eſt pas moindre
ici. Les étofes des habits ſont couvertes ſouvent de joiaux & de pierreries.

Les Creoles nous haïſſent &
nous mépriſent ; mais nous le leur
rendons avec uſure. Il ſemble pourtant que la generoſité Eſpagnole ait
paſſé dans le ſang Creole ; car ils la
témoignent dans l'occaſion , & j'ai
vû ſouvent avec plaiſir des * Gentilshommes du *Perou* faire une eſpece de
ronde dans les grans chemins , pour
voir s'ils rencontreroient de pauvres
voiageurs ; & quand ils en trouvoient ,
ils les défraioient juſqu'au lieu où ces
Voia-

(*a*) Elle n'eſt pas ordinaire dans les ameublemens.

† *Cavalleros.*

voiageurs devoient fe rendre, &
paioient même fouvent à leur infçu
les fraix du voiage.

J'ai parlé des manieres des femmes
du *Potofi* & de *Mexico*. Tout cela
fe peut apliquer à celles de *Lima*.
Elles paffent leur vie aux mêmes occupations que les premieres & vivent ex-
terieurement avec beaucoup de referve. Mais quand elles trouvent l'occafion, elles font vives & libertines.
Elles ne fortent jamais qu'envelopées
d'une *Mante*, qui ne leur laiffe rien
de decouvert que les yeux pour fe
conduire; & cela fe pratique de
même au *Mexique*. Pour la galanterie, elle fe pouffe fort loin à *Lima*.
Le moins qu'il en coute c'eft l'argent
& la fanté; car on n'y peut fournir
à l'amour fans des dépenfes & des
débauches exceffives. Il eft vrai,
que pour la bourfe, on peut l'épar-
gner quelquefois, quand on a le
bonheur de fe trouver de certains
talens que la nature n'a pas donné à
tous les hommes. Les Perouanes,
qui fe piquent de connoitre un
homme à la phyfionomie, font de
grandes avances à ceux-ci: mais a-
lors

lors il y laiſſe toujours la ſanté , &
même bien ſouvent la vie.

Quand on n'auroit pas à craindre
la jalouſie des maris , il y a toujours
deux choſes capables de faire trem-
bler ceux qui s'haſardent, ſans connoitre l'air du bureau. C'eſt le de-
gout de celle qui fait les avances, &
la jalouſie d'un Moine. Si malheu-
reuſement la Dame ne trouve pas
que le galand reponde à ce que l'on
attendoit de lui , ou qu'il ſe ſoit é-
puiſé dans les fatigues de l'amour,
elle ſe vange ſur lui de l'infirmité de
la nature : car les Perouanes regardent comme le plus grand de tous
les outrages la hardieſſe d'un homme
qui entreprend une expedition ſans
pouvoir bien l'achever. Pour les
Moines , ſi l'on ſe trouve avec eux
en concurrence de débauche, il faut
toujours ſe défier du poignard qu'ils
portent ſous leur habit ; car ils ne
pardonnent jamais , quelque bonne
mine qu'ils faſſent, aprés avoir affecté
de ſe reconcilier. C'eſt bien pis
quand on trouve en ſon chemin une
des premieres perſonnes de l'Egliſe:
ainſi qu'il m'arriva , lorſque j'étois
encore à *Lima.* J'aurois paié chere-
ment

ment la concurrence, fi je n'avois en le bonheur de rencontrer un ami tres genereux, qui contribua de tout fon pouvoir à me fauver. C'eft à cette fredaine amoureufe que j'ai eu l'obligation de mon fejour à *Quito*, & du pénible voiage que je fis enfuite de cette derniere Ville à *Panama*.

Les Creoles font d'un temperament plus robufte & fe portent beaucoup mieux que les Efpagnols qui viennent d'Europe, & qui ne s'accoutument qu'infenfiblement à l'air du *Perou*. J'attribue à la bonté de leur temperament la rareté des Medecins ; car on n'en voit prefque point dans l'*Amerique Meridionale*, & de mon tems il n'y en avoit qu'un à *Lima*, qui étoit un des plus infignes charlatans qu'on ait jamais vû. Il avoit pourtant trouvé le fecret de gagner beaucoup aux dépens des dupes. Il fe difoit de *Bruxelles* & affeċtoit beaucoup de fimplicité dans fes manieres, pour mieux tromper ceux qui lui confioient leurs infirmités : mais il évitoit ceux qui n'avoient qu'un bien mediocre & ne cherchoit que les gens fort riches, à qui il faifoit paier jufqu'à cinquante

& foixante ducats par cure. D'ailleurs c'étoit un infigne fripon, qui fut
trop heureux de fe fauver , aprés
qu'on eut découvert que tous les
fecrets qu'il vantoit ne confiftoient
qu'en des herbes & des racines communes qu'il alloit prendre aux environs de *Lima*, & qu'il déguifoit enfuite groffierement, pour faire accroire qu'elles venoient de fort loin. Il
n'en falloit pas davantage pour tromper des gens auffi credules & auffi
ignorans que les Creoles du Perou.

François Pizarre pofa les fonde-
mens de *Lima* l'année 1535. & la
nomma *Ciudad dos Reies*, c'eft à dire
la *Ville des Rois*. Les néges des hautes Montagnes des *Andes* ou de la *Cordilliera* y rendent fouvent les mati-
nées extrémement fraiches, & le
changement de tems du froid au
chaud & du chaud au froid y caufe des maladies mortelles à ceux
qui ne connoiffent pas l'air du Païs.
On en verra quelque chofe lorfque je
parlerai des maladies qui regnent à
Lima. La Riviere qui paffe à *Lima*
la fepare du Fauxbourg de *Saint-
Lazare* , qu'on peut regarder feul
comme une ville confiderable. C'eft
le

le rendés-vous des *Indiens*, qui y portent leurs denrées à vendre. Ces Indiens sont tres soumis aux *Padres*, qu'ils entretiennent grassement du plus clair de leurs revenus.

Les Eglises de ce Fauxbourg sont belles , & les Convens ne leur cedent pas. Par exemple les pauvres Cordeliers logent dans une Maison pourvuë de toutes les necessités de la vie, où les cinq sens de Nature se recréent également. Au millieu de la pauvreté que la Regle leur prescrit, ils n'ont qu'à parler, & les Indiens leur font part de leurs bienfaits avec profusion. Enfin il ne leur manque rien : car ces Peuples les entretiennent noblement , & portent le plus beau & le meilleur au Convent, qu'ils appellent la *Maison des * Seraphiques* (la *Casa de los Seraphicos*.) Les jardins du Convent sont pleins d'excellens arbres fruitiers, de fleurs, de legumes &c.

Le *Callao* est à deux lieuës de *Lima*. Les environs en sont agreables, remplis de belles Maisons de Campa-

B 2   gne,

* *Seraphique* est le surnom de Saint François.

gne, qui apartiennent aux plus riches du Païs, & de grans vergers pleins d'arbres fruitiers. La rade du *Callao* eſt fort ſure. On voit aux environs quantité de Cabanes de pêcheurs Indiens, qui pêchent en ces quartiers là, & qui portent enſuite leur poiſſon à *Lima* pour la proviſion des habitans.

Il y a toujours des Vaiſſeaux de guerre au Port du *Callao*, mais ſi en deſordre & ſi mal pourvûs, n'en déplaiſe aux mariniers du Païs, qui ſe croient les plus habiles gens de l'Univers, qu'ils ne reſiſteroient pas à la premiere bordée du feu Anglois ou Hollandois.

Depuis *Tumbez* juſqu'à *Lima*, & de *Lima* encore plus loin, tirant au Sud, la côte eſt ſablonneuſe & deſerte. Il n'y tonne ni ne pleut juſqu'aux Montagnes : mais en recompenſe il y tombe beaucoup de roſée, ainſi que je l'ai déja dit. Les habitans des environs des montagnes boivent de l'eau des torrens qui ſe forment de la neige & de la pluïe qui tombent de ces montagnes. Ils ont pluſieurs ſortes de fruits excellens & d'arbres ſauvages, du coton, des

ro-

rofeaux, des chardons , des herbes
& diverfes plantes medecinales. Ils
fément auffi du froment, depuis que
nous fommes dans le Païs. Ce froment y vient auffi bon & auffi beau
qu'en Europe. Pour arrofer leurs
terres ils ameinent l'eau des torrens
dans des canaux. Je dirai en paffant
que ces torrens ont un cours fi ra-
pide & fi dangereux, qu'il arrive tres
fouvent qu'il s'y noie des paffagers.
Ceux qui voiagent de ce côté là fe
tiennent éloignés des montagnes, &
font en forte d'avoir toujours la vuë
du rivage de la mer. Que fi la ne-
ceffité les oblige de paffer ces torrens enflés de neiges ou de pluies,
ils fe fervent de petits canots tres le-
gers & qui ne vont jamais à fond.
Ils fe fervent même de ces canots
en pleine mer , fans craindre ni les
orages, ni les Monftres marins, contre lefquels ils fe defendent avec un
dard long & pointu , ou avec une
efpece de lance. Tres fouvent, au
lieu de ces canots , que les Indiens
appellent *Balzas*, ils fe fervent d'un
rets , qui eft foutenu par deffous &
tout autour de courges , ou de cale-
baffes , qui font legeres & nagent

fur

fur l'eau. Le paſſager ſe met là deſſus, & s'y étendant ordinairement ſe
fait tirer par un Indien, qui paſſe le
torrent à la nage ſans aucun riſque.

* *Pour ſupléer à ce que dit l'Auteur,*
& faire connoître au lecteur comment les
Balzas ſont faites, on ne ſera pas faché
d'en voir ici l'explication & la figure
tirées du Voyage du Pere Feuillée à la
Mer du Sud.

Balza Indienne *compoſée de deux*
        peaux de Loups marins.
A A *les deux peaux enflées.* 3.3.4.4.
        ſont amarrées par le travers vers
        leurs extremités avec deux mor-
        ceaux de bois. C C. D D.
E E. *Une petite planche de deux*
        pouces de largeur, de la lon-
        gueur des deux peaux enflées
        traverſe les deux morceaux de
        bois vers leur millieu. Elle eſt
        amarrée, ainſi que les peaux,
        par des boiaux de loup marin.
La planche E E. *ſert de quille*
        à la Balza.
Quand la Balza eſt finie, on
        étend au deſſus une autre peau
        de loup marin, que les Indiens
                                    amar-

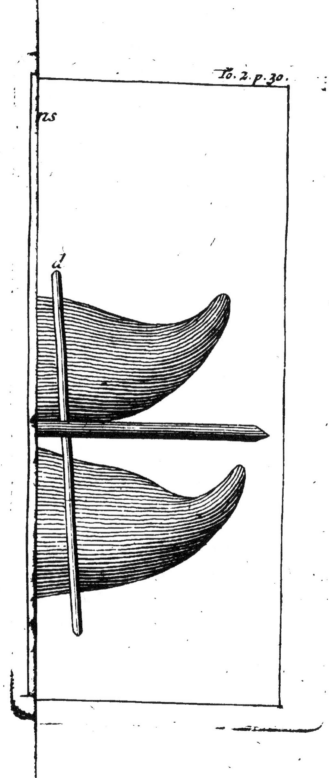

ns

a

*amarrent par les quatre An-
gles aux extremités des deux
traverſiers.* CC. DD.
F. *L'aviron dont ils ſe ſervent
pour conduire la* Balza.
G. *Poſture de* l'Indien *condui-
ſant la* Balza.

Les Indiens du Païs qui eſt auprés
des Montagnes ont leurs demeures
en des huttes ou cabanes faites de
Maïz. Ces gens portent une eſpece
de chemiſe de toile de coton qui
leur va juſqu'aux genoux, & par des-
ſus cela une manteline. Pour les femmes, elles ſont couvertes de la tête
juſqu'aux pieds.

Les Perouans du plat Païs étoient &
ſont diviſés encore en trois peuples de
differens languages, à ce qu'on m'a
aſſuré. Ces peuples ſont les *Yungas*,
les *Tallanas* & les *Mochicas*. Autrefois,
outre les langues particulieres, il y
avoit celle de *Cuſco*, qui étoit la langue des Nobles. L'Yncas *Guainacapac*
pere d'*Athaualba* avoit même ordon-
né que tous les Gentilshommes du
Païs envoiaſſent leurs enfans à ſa
Cour, pour aprendre cette langue:

mais

mais ce n'étoit pas là le feul motif de cette ordonnance. Il avoit en vuë de retenir, fous ce pretexte, la Nobleffe en fon devoir : car ces enfans étoient comme des ôtages, & les garans de la fidelité de leurs Peres.

A l'égard du Climat, nous avons dit qu'il ne pleut pas dans le plat Païs. Cependant il femble que la mer doive amener beaucoup de vapeurs, & les Montagnes ne s'y voient jamais fans neige : mais pour fe rendre raifon de cela, il faut confiderer la difpofition des terres. Dans les Montagnes l'été commence en Avril & finit en Septembre. Dans le plat Païs il commence en Octobre & finit en Mars. C'eft peut être cette oppofition des deux faifons prefqu'en un même Païs qui eft en partie caufe qu'il ne pleut pas à *Lima* & aux environs : outre que le froid des Montagnes arrête & condenfe fur le champ les vapeurs que la chaleur du Soleil a élevées de la Mer & les convertit en torrens &c. Cette raifon me paroit jufte. On fait que les vapeurs ne s'élevent jamais qu'à une certaine diftance de la terre ; aprés quoi la caufe de leur élevation jointe à leur
pro-

propre poids les condenfe & les fait retomber fur la terre. Cette hauteur, à laquelle les vapeurs s'élevent, ne furpaffe jamais le fommet des plus hautes Montagnes , & même elle eft fouvent au deffous , ou tout au plus parallele ; comme le temoignent ceux qui ont eté fur les plus hautes *Cordillieras* , où l'on voit fouvent les nuages difpofés horizontalement fous fes pieds tout autour de la montagne. Or c'eft le froid de ces Montagnes qui condenfant foudainement les vapeurs arrefte leur mouvement, en forme des nuages épais, qu'on voit fe refoudre tres frequemment en pluie dans le haut Païs du *Perou* : tandis que dans le plat Païs on n'y voit que de la rofée.

CHAPITRE II.

Des Maladies qui regnent dans le Perou.

CEux qui arrivent nouvellement dans un Païs s'épargneroient bien des maux , s'ils vouloient d'a-

bord

bord prendre un regime de vivre conforme à l'air du climat , & s'informer de la maniere dont ceux du Païs se gouvernent. Il arrive fort souvent que non seulement un bon regime fortifie le temperament , mais que même il corrige les influences de l'air , & empêche que le corps n'en soit attaqué. C'est ce j'ai experimenté sur moi même en tous mes voiages.

Les étrangers qui arrivent à *Lima* font ordinairement d'abord attaqués de la fievre, que ceux du Païs appellent *Chapetonada.* Cette fievre est maligne & dangereuse , quand on la laisse s'inveterer. Le bon regime contribue beaucoup à la prevenir, ou du moins il en diminue la force. Ce n'est pas seulement à *Lima* que l'on est exposé à cette fievre par le changement d'air : car on en est attaqué aussi dans toute l'*Amerique Meridionale* & au *Mexique.*

Je mets au rang des maladies la piquure du *serpent sonnette* , à cause des symptomes extraordinaires qui la suivent : car ceux qui ont le malheur d'être piqués de ce serpent meurent en moins de demi heure dans les con-
vul-

vulfions, fi on ne les affifte promtement avec des remedes qui arre-
ftent la rapidité du venin, dont
l'action eft fi promte, qu'elle diffout
même le corps du mourant.

On eft encore fujet en ces Païs
chauds à des coliques violentes, que
j'attribue à diverfes caufes. Le fucre
en eft une par la quantité de vers qu'il
produit; mais le changement fou-
dain du grand chaud de la journée
au froid de la nuit eft generalement
la caufe des Coliques de *Lima.*

C'eft à ce froid fi dangereux qu'il
faut attribuer une autre maladie mor-
telle, qu'on nomme *Pafmos.* C'eft une
maladie qui refide dans les nerfs, qui
les refferre & les roidit, en forte que
peu à peu le mouvement de toutes
les parties du corps humain fe trouve
entierement fufpendu. Elle commence ordinairement par des fueurs
violentes, qui continuent jufqu'à ce
que les humeurs du corps de celui
qui eft attaqué du *Pafmos* foient entierement épuifées. Alors tous les
nerfs, les os, les mufcles fe roidif-
fent entierement, & le malade perit
dans cette ceffation entiere de mouvement, qui caufe aux parties vita-

les

les la même contraction qu'aux parties exterieures du corps. Ceux qui se précautionnent pour leur santé évitent le soir & le matin de s'exposer trop au grand air, & de se rafraichir trop promtement, lorsqu'on se trouve échaufé. Il faut aussi observer de ne pas se lever du lit les pieds nuds. Pour guerir cette maladie, on prend de la graine de *Quiuna*; mais ordinairement elle est incurable.

On est encore sujet en tous ces Païs de l'*Amerique* au *Bicho*, dont je ne dirai rien ici, parce que j'en ai parlé dans ma Relation du *Bresil*.

Je ne dirai rien davantage des Maladies Venerienes, parce qu'on les regarde au *Perou* comme une galanterie qu'on peut transmettre de pere en fils. Tout ce qu'on y fait c'est d'en adoucir la douleur & les incommodités par quelques remedes.

CHA-

CHAPITRE III.

Suite de la Côte du Perou. *Route de* Lima *à* Arequipa.

IL y a une chofe à obferver à l'é-gard du *Perou*, c'eft qu'une bonne partie de l'année il ne foufle qu'un mê-me vent dans le bas Païs & fur la côte: C'eft le Sud-Oueft. Ce vent n'eft point humide & pluvieux, comme ailleurs ; parce qu'il foufle le long des montagnes ; au lieu que dans les au-tres Païs, il vient de la mer, d'où procede l'humidité qu'ameine ce vent. Ce même Sud-Oueft eft caufe que la mer du Sud a toujours fon cours vers le Nord, & cela rend plus difficile la navigation de *Panama* au *Perou*, que celle du *Perou* à *Pa-nama* : ce qui eft caufe encore que ceux qui vont au *Callao* & aux autres ports du *Perou* & du *Chili* font obligés de naviger en faifant des bordées & en louvoiant.

Il eft bon encore de remarquer, qu'en quelques endroits fous la ligne

il

il y fait chaud & humide , en d'autres froid & humide: bien qu'au plat
Païs il y faſſe chaud & ſec. Pour ce
qui eſt des autres endroits, il y pleut
fort frequemment.

A vint ſix lieuës de *Lima* , tirant
au Sud , on a *Sangalla* ; qui eſt un
fort bon havre , à 14. Degrés de
hauteur. Il y a prés de ce havre une
autre Ile de *Lobos*. La quantité de
loups marins eſt cauſe qu'on a nommé *Lobos* pluſieurs de ces Iles de la
Mer du *Sud*. Toute cette côte eſt
baſſe , excepté qu'on y voit quelques
hauteurs , & quelques dunes. Autour de cette Ile de *Lobos* il y en a
ſept ou huit autres qui font toutes
enſemble un triangle ; toutes deſer-
tes & inhabitées , ſans qu'on y voie
autre choſe que ſable & loups marins. Autrefois les Perouans avoient
la coutume d'y aller faire leurs ſacrifices , & cela a fait croire à nos cher-
cheurs de threſors qu'il pourroit bien
y en avoir d'enfouis. Ces Iles ſont
à trois lieuës de terre ferme. Un peu
plus loin ſur la même étendue à 14.
Degrés git un autre Ile de même
nom , & à 9. lieuës de là au Sud
Oueſt & Sud Oueſt quart au Sud eſt

la

la pointe de *Nasca* à 15. Degrés 45.
Minutes. Les navires peuvent être
à l'abri sous cette pointe. Plus loin
on est à celle de *Saint Nicolas* qui
git à quinze Degrés. D'ici la Côte
tourne au Sud-Ouest , & à neuf
lieuës de là on est au port d'*Acari*,
où les vaisseaux peuvent prendre des
vivres , de l'eau fraiche & du bois
à bruler , que fournit une vallée
qui est à peuprés à quatre lieuës de
là. Le port d'*Acari* git à six Degrés.

Suivant ensuite le cours de la Côte, on vient à *Rio d'Occonna*. La
côte est fort deserte de ce côté là.
Un peu plus loin est la Riviere de
Camana , ensuite celle de *Quilca*.
Le havre de *Quilca* est à demi lieuë
de là. *Arequipa* en est à 12. lieuës,
& git à 12. Degrés de Latitude. A-
prés avoir passé le port ou havre de
Quilca , ou voit à trois lieuës de là
des Iles où les Indiens vont pêcher.
Deux lieuës plus loin est l'Ile de *Xuli*,
prés du Continent. Il y a bon abri
pour les Navires. Cette Ile git à 17.
Degrés.

A trois lieuës de *Lima* , le long
de la Côte , on est à la vallée de
Pa-

Pachacamac , cette vallée si agreable
& si fameuse parmi les Perouans , à
cause du temple magnifique qu'on y
voioit autrefois , & qui surpassoit
en richesses tous les autres Temples
du Païs. Ce Temple étoit bati sur
une colline. Il avoit ses murailles &
ses portes ornées de figures de toutes
fortes de bêtes sauvages &c. Au
millieu du Temple étoit l'Idole , &
là se tenoient les Prêtres avec beaucoup de zéle & devotion. Lorsqu'ils
ofroient les sacrifices devant l'assem-
blée du Peuple , ils tournoient le visage vers les portes du Temple &
le dos à l'Idole, tenant les yeux bais-
sés vers la terre, dans la posture d'un
homme qui craint , & pleins d'une
fraieur religieuse. Les Perouans disent que l'Idole avoir accoutumé de
repondre dans les Fêtes solennelles ,
& que ces reponses étoient certaines
& veritables. Ils avoient l'obligation
de ces reponses à l'adresse de leurs
Prêtres , & cela faisoit valoir le mê-
tier.

Les ofrandes que les Perouans apportoient , consistoient en grand
nombre de bêtes & même d'hommes
vivans. Il y avoit dans le Temple
des

des threfors immenfes d'or & d'argent.
Les Prêtres de ces fauffes Divinités
du *Perou* étoient extraordinairement
refpeétés du peuple. Ceux qui preten-
dent connoitre le génie des Nations
Indiennes, difent que ce refpeét qu'on
leur reconnoit, vient de leur temperament & de leur education ; que la
Religion n'agit point fur leur cœur
en cette occafion ; mais qu'ils craignent beaucoup le Diable & les autres mauvais efprits : ce qui les ac-
coutume à refpeéter les Prêtres,
qu'ils croient pouvoir chaffer les Dia-
bles & guerir les infirmités humai-
nes. C'eft à propos des *Perouans,*
que quelqu'un me difoit un jour,
Croiés vous que ces miferables foient
Chretiens, parce qu'ils refpeétent les
Curés? point du tout. Quand ce fe-
roient des boucs & des anes ils leur en fe-
roient tout autant, pourvû qu'on trou-
vât le fecret de leur faire croire que ces
boucs & ces anes font des miracles &
chaffent le Diable. Cela eft peut étre
un peu trop exageré ; mais il eft certain que j'ai vû fouvent des *Perouans*
(& même des Creoles) qui repondoient à leurs enfans, quand ceux-
ci leur faifoient des queftions fur
quel-

quelque point de Religion ; *garde toi bien de me demander cela une autrefois, de peur que le Diable ne t'emporte.* Il n'y a que le Padre *qui doive savoir ces choses, parce qu'il a le pouvoir de chasser le Diable.*

Autour du grand Temple de *Pachacamac*, il y avoit des logemens bâtit pour les Pelerins , & des tombeaux pour les Rois , les Prêtres & les Grands Seigneurs. Au tems des Fêtes annuelles il s'y assembloit une grande multitude de gens qui chantoient & qui jouoient des instrumens. Les Rois ou *Yncas* de *Cusco* s'étant emparés de cette Vallée de *Pachacamac*, considerant la grandeur & l'antiquité de ce Temple & la devotion extraordinaire de ceux qui s'y rendoient, ne jugerent pas à propos de le ruiner : au contraire on en bâtit un autre à l'honneur du Soleil , & ces *Yncas* l'enrichirent de grans presens. *Pachacamac* , à ce qu'ils raccontent, y consentit , & cela parut par la reponse qu'il fit , par laquelle il donnoit à connoitre , qu'il étoit également bien servi en l'un & en l'autre Temple. C'est ainsi que les Prêtres Idolatres abusoient de la cre-

credulité de ces pauvres ignorans.
Aujourd'hui encore , bien que ces
Temples foient detruits , une partie
des Indiens du *Perou* ne laiffe pas de
croire que *Pachacamac* fe communi-
que fecretement à plufieurs d'entr'eux ; & même j'ai vû des *Perouans*
convertis au Chriftianifme, qui foutenoient que *Pachacamac & le Dieu des
Efpagnols font un même Dieu.* Les Miffionnaires Jefuites voiant cette opinion des Idolatres du *Perou* , la mettent adroitement en pratique, & par
une fraude pieufe , aprés étre con-
venus avec eux, que *Pachacamac &
le Dieu des Chretiens* font un même
Dieu, ils leur enfeignent ,, que *Pa-*
,, *chacamac* a aboli la loi qu'il avoit
,, donnée à leurs anceftres; qu'il ne
,, veut plus étre fervi felon le culte
,, des *Yncas*, & qu'il les a envoié aux
,, *Perou* pour prêcher fa nouvelle loi,
,, & en repandre par tout la do-
,, ctrine , dont un des points princi-
,, paux eft le Baptême. " Apres cela
ils leur enfeignent tout doucement
le refte de la Religion ; & felon qu'ils
les voient difpofés à croire , ils leur
expliquent plus ou moins une partie
des facrés Myfteres. S'ils leur trouvent

vent trop de repugnance à croire,
aprés leur avoir dit qu'ils viennent
au nom de *Pachacamac*, ils les ba-
ptifent feulement, leur enfeignent à
faire le figne de la Croix à l'honneur
de N.S. J. Chrift, & leur aprennent
le Culte exterieur de l'Eglife. Ils
difent, pour juftifier cette conduite,
que les autres Miffionnaires blament :
C'eft beaucoup d'avoir lié par le
Baptême, & garanti du Diable par le
figne de la Croix ces enfans rebelles, qui
adorent le vrai Dieu fans le connoître,
ou qui ne le voient qu'avec des yeux
troublés par l'impofture de Satan. Nous
*adorons donc avec eux celui * qui a créé*
l'Univers, & lui donnons le même nom
& les mêmes attributs, pour de-
truire leurs prejugés & les gagner à
l'Eglife, mais nous ne fuportons leurs
erreurs que pour lès detruire avec le tems,
& lorfqu'ils commenceront à gouter la foi
Chretienne. J'ai vû, étant en Angleterre, d'habiles gens de ce Païs là,
qui foutenoient que la maniere de
con-

---

* *Pachacamac* fignifie *Crateur du Monde*, à
ce qu'on affure : & cela fait entendre ce
que dit ici l'Auteur de la Relation.

convertir des Jefuites eft en partie celle des Apotres.

François Pizarre, aprés la prife d'*Atahualba*, envoia fon frere en cette Vallée de *Pachacamac*, pour détruire les deux Temples dont j'ai parlé, & en emporter les threfors, mais il n'en trouva qu'une partie, tout le refte aiant été caché par les Prêtres, fans que jamais on ait pû le decouvrir.

Cette Vallée eft tres fertile, & abondante en beftiaux & en chevaux. De la Vallée de *Pachacamac* on vient à *Xilca*, où il y a ceci de remarquable ; c'eft que quoiqu'il n'y pleuve point, & que cet endroit ne foit arrofé d'aucune riviere, cependant le maïz, les racines & les fruits y croiffent abondamment. Voici comment. Les Indiens creufent de petites foffes, dans lefquelles ils enfouiffent leur Maïz & ce qu'ils veulent cultiver. Tout cela fructifie enfuite par le moien de la rofée qui tombe dans ces petites foffes.

A deux lieuës & un quart de là, eft la Vallée de *Mala*. Une belle riviere la traverfe bordée d'arbres. A quatre lieuës plus loin on a le *Val*

de

de Guarco fameux parmi les *Perouans*. Cette Vallée eſt auſſi fertile. Il y a beaucoup de Maïz, & de fruits & quantité de volaille. On dit qu'autrefois cette Vallée étoit fort habitée, & qu'elle étendoit ſon pouvoir ſur les Païs des environs : & même ils ne purent étre reduits ſons la puiſſance des *Yncas* de *Cuſco*, qu'aprés une rude guerre. Aprés qu'on les eut ſubjugués, ces *Yncas* firent batir une forteresse ſur une colline pour tenir ceux de la Vallée en bride. Le fondement de cette Forteresse étoit de groſſes pierres quarrées, ſi bien liées, qu'à peine peut on voir dans ce qui en reſte comment elles étoient liées. Il y avoit des dégrés pour deſcendre vers la mer. Les *Yncas* avoient, à ce qu'on aſſure, de grans threſors dans cette Forteresse. A une lieuë de là eſt la Riviere de *Lucaguana*, qui paſſe par une Vallée pareille aux autres. Cinq lieües plus loin eſt la Vallée de *Chinca*, où il y a un beau Convent de Dominicains.

A peine voit on maintenant en cette Vallée quatre ou cinq mille habitans, au lieu qu'à la venue de nos Eſpagnols, il y en avoit plus de
vint-

vint-cinq mille. Il en eft peri d'abord
quantité par la cruauté exceffive de
leurs nouveaux hôtes. Les taxes
extraordinaires, l'efclavage rigou-
reux, & la tyrannie des *Padrés* ont
chaffé le refte.

La Vallée de *Chinca* étoit auffi
fous la domination des *Yncas*, qui y
tenoient un Gouverneur. Ils y a-
voient auffi fait bâtir un Temple au
Soleil : mais outre le Soleil les habitans de la Vallée adoroient encore
une Idole qu'ils nommoient *Cincay-
cama*.

La Vallée de *Cinca* eft une des
plus grandes de tout le *Perou*. Il y
a d'agreables bofcages, & de beaux
ruiffeaux. Il s'y trouve des citrons
en quantité d'un gout excellent. On
y voioit autrefois beaucoup de fepulchres fur des éminences ; mais
les Efpagnols les ont detruits aprés
en avoir enlevé les richeffes.

De *Cinca* on paffe à la Vallée d'*Yca*,
qui n'étoit pas moins habitée que la
precedente. Il y paffe une Riviere,
qui en certains tems eft fi petite,
qu'il y faut faire dériver l'eau des
Montagnes par des canaux. Cette
Vallée abonde auffi en fruits, en
che-

chevaux, vaches, chevres, pigeons, tourterelles. Aprés cette Vallée on a celle de *Taxamalca*, où jadis il y avoit plusieurs Palais, & les Magasins de *Yncas.* On y voioit aussi des sepulchres pleins d'or & d'argent, que nos Espagnols ouvrirent & pillerent ensuite, aprés avoir detruit une partie des habitans.

Les Vallées de *Nasca* font plusieurs en nombre. Entr'autres il y en a une où il croit beaucoup de cannes de sucre & de fruits qu'on porte aux Villes du voisinage. C'est par toutes ces belles Vallées, que passe le *Chemin Roial* des *Yncas*, qu'ils firent faire pour la commodité des Voiageurs & pour la sureté des routes. De ces Vallées on passe à *Acari*, de là à *Ocuna*, à *Ycamana*, à *Yquilca* &c. lieux autrefois tres habités & fertiles en fruits & en bestiaux.

Arequipa est dans la Vallée de *Quilca* à cent lieües d'Espagne de *Lima.* Cette Ville est un assés bon port de mer. Elle est bâtie dans l'endroit de la Vallée qui s'est trouvé le plus propre pour une ville. L'air y est fort temperé & le plus pur de tout le *Perou.* *Arequipa* est un sejour
fort

fort agréable. Son Evêque eſt ſuffragant de *Lima.* Il y a dans cette Ville quatre ou cinq cens Maiſons. Le terroir des environs eſt très fertile & produit de fort bon grain, dont on fait d'excellent pain. Les limites de la Ville d'*Arequipa* s'étendent depuis la Vallée d'*Acari* juſqu'à *Tarapaca* & en quelques lieux du *Condeſuio. Hubinas, Xiqui, Guanitra, Quimiſtaca* & *Golaguas* ſont auſſi du reſſort d'*Arequipa.*

L'entrée du Port d'*Arequipa* eſt étroite, mais on y peut mouiller ſur 18. braſſes d'eau. L'ancrage y eſt bon. Cette Ville eſt mal fortifiée, & mal pourvüe de munitions & de ſoldats. Je ne ſai pas ſur quoi nos Eſpagnols fondent leur ſecurité; mais je ſai bien qu'une poignée d'hommes bien armés & bien aguerris chaſſeroient nos gens de ce poſte, comme un troupeau de moutons; ſur tout ſi les *Indiens* ſe mettoient de la partie contr'eux. L'indolence de nos gens eſt d'autant plus blamable, qu'*Arequipa* eſt un des poſtes importans de la *Mer du Sud*, à cauſe qu'on y tranſporte la meilleure partie de l'argent de las *Charcas* & des mines du *Potoſi* & de

Porco, pour l'envoier enfuite au *Callao* & de là à *Panama*.

Les Naturels des environs d'*Arequipa* ont été la plufpart détruits par nos Efpagnols. Ils adoroient le Soleil comme tous les *Perouans*. Les autres voiant les revolutions de leur Païs par la venue des Efpagnols, ont jugé à propos d'abandonner la partie & de fe retirer plus loin. Ceux qui reftent font prefque tous Chrêtiens.

On voit près d'*Arequipa* ce fameux & redoutable Volcan, qui peut ê- tre caufera un jour la ruine de la Ville. Il caufe fouvent de grans tremblemens de terre. Cette Ville fut auffi fondée par *François Pizar- re*, au nom du Roi Catholique en 1536. On y porte d'Efpagne des vins, des huiles, des Olives, de la farine, du froment & diverfes au- tres chofes pour pourvoir aux be- foins de la Province *de las Charcas* & du *Potofi*. Outre cela on tire des au- tres Provinces de l'*Amerique* diverfes chofes abfolument neceffaires; com- me du *Chili* & du *Mexique*, du co- ton, de la toile, des cordages & autres agréts de Navires &c.

On

On voit fur le bord de la Mer des Oiſeaux ſemblables aux Vautours, & qui ont des ailes extraordinairement grandes. Ces Oiſeaux ſe nourriſſent de loups marins, auxquels ils arrachent les yeux pour les tuer enſuite & les manger. On voit auſſi en cette Côte beaucoup d'*Alcatraces.* C'eſt un Oiſeau dont la chair eſt fort puante & fort mal ſaine.

CHAPITRE IV.

Des Montagnes & du haut Perou.

LA longueur du *Perou* eſt de cinq cent vint cinq lieuës d'Eſpagne: mais la largeur n'eſt pas à beaucoup près proportionnée à cette longueur. On peut diſtinguer en trois ſortes les Montagnes du *Perou*: premierement il y a la *Cordilliera de los Andes*, qui eſt une chaine de Montagnes pleines de bois & de rochers; enſuite il y a les Montagnes qui ſont étendues le long des *Andes.* Celles-ci ſont très froides & ont leur ſom-

met

met toûjours couvert de neige, ce
qui les rend inhabitables & incul-
tes. Enfin il y a les hautes Dunes
qui s'étendent dans le plat Païs
du *Perou*, depuis *Tumbez* jufqu'à
Tarapaca. Il y fait très grand chaud,
& l'on n'y voit ni eau, ni arbre,
ni verdure, ni quoi que ce foit qui
ait vie, fi ce n'eft quelques Oifeaux de traverfe : mais outre cela
il y a encore plufieurs lieux deferts
dans le *Perou*. Entre les Montagnes
dont j'ai parlé il y a de grandes
Plaines & des Vallées, qui ne font
expofées ni aux vens ni aux orages, d'ailleurs fertiles & pleines de
bois, où l'on peut chaffer aux Bêtes
à quatre pieds & aux Oifeaux.
Les *Perouans* des environs des
Montagnes font beaucoup plus robu-
ftes & laborieux que ceux du *bas Perou*
& de la Côte. Quoiqu'ils ne foient pas
encore civilifés felon nos maniéres,
cependant ils font intelligens, traitables & induftrieux. Ils habitent en
des Maifons bâties de pierres, &
les unes font couvertes de terre,
les autres de chaume. Dans les Vallées il coule plufieurs Rivieres & ruiffeaux,

feaux, qui arrofent le Païs & qui le rendent fertile.

Dans la Vallée d'*Atris* on trouve *Pafto*. De là on va à *Gualnatan* & *Ypiuli*, ou l'on recueille peu de Maïz, à caufe du froid du Climat, qui eft cependant près de la Ligne : mais il y croit plufieurs racines & quelques fruits. D'*Ypiuli* à *Guava* on trouve le grand *Chemin Roial* des *Yncas* du *Perou*; chemin fuperbe, & qui ne cedoit en rien à la magnificence des Européens. On y paffe auffi une une Riviere, fur le bord de laquelle les *Perouans* avoient bâti une forte-reffe, d'où ils faifoient la guerre aux habitans de *Pafto*, & l'on trouve aux environs une fontaine, dont l'eau eft fi chaude, qu'à peine y peut on te-nir les mains, bien que l'eau des Rivieres d'autour de là foit très froide. La Riviere dont j'ai parlé fe tra-verfe fur un pont de pierre que les Naturels du Païs appelloient *Lumi-chaca*, où les *Yncas* du *Perou* avoient deffein de bâtir un Fort, pour en garder le paffage : mais la venue des Efpagnols fit avorter ce def-fein.

Il croit de ce côté là un fruit fort
C 3   fem-

femblable aux prunes. Il enivre ceux qui en mangent, & leur ôte la raifon pour vint & quatre heures. On le met fouvent en ufage pour jouer des tours de malice aux nouveaux venus.

De *Guàca* on va à *Tufa*. C'eft là que finit la Province de *Pafto*. De là on paffe à une Colline où les *Incas* ont eu une de leurs principales Forterefſes. Plus loin eſt la Riviere de *Mira*. C'eſt un quartier de Païs où il fait grand chaud: auſſi y trouve t'on beaucoup de fruits, ſur tout des mélons, des Oranges &c. Il y a auſſi beaucoup de lapins, de tourterelles & de perdrix; du Maïz & de l'orge en abondance. De là on traverſe un Lac que les Naturels appellerent en leur langue *Lac de Sang*. Ce Lac fut ainſi nommé à l'occaſion de *Guainacapac Inca* du *Perou*, qui detruiſit ou fit jetter dans ce Lac plus de vint mille habitans de cette Province, pour quelque ofenſe qu'il prétendoit en avoir reçû. Cela arriva à peu près au tems de la venue des Efpagnols.

Après avoir paſſé ce Lac, on trouve

ve *Carangua.* C'eſt un endroit où
l'on voit encore de belles citernes,
que les *Yncas* firent faire. On voit
auſſi à *Carangua* de beaux reſtes des
Palais des *Yncas* Rois de *Cuſco*, &
d'un Temple dédié au Soleil. Tout
cela eſt encore admirable, & entre-
tient dans l'eſprit des *Perouans* le
ſouvenir de la magnificence de leurs
anciens Souverains.

Il y avoit dans ce Temple deux
cent Vierges, que l'on gardoit avec
un ſoin extraordinaire, afin qu'elles
ne ſe corrompiſſent point, après a-
voir voué leur virginité au Soleil.
Lors qu'elles avoient eu le malheur
de la perdre, on les puniſſoit très
ſeverement, & le ſuplice qu'on leur
faiſoit ſoufrir c'étoit d'être étranglées
ou enterrées toutes vives. Les Prêtres avoient leur logement auprès
du Temple, où ils faiſoient tous les
jours des ofrandes & des ſacrifices.
Du tems des *Yncas* ce Temple étoit
en grande reputation & renfermoit
des Threſors immenſes. Tous les
Vaiſſeaux & Utenciles du Temple
étoient d'or & d'argent ; les Murailles étoient auſſi couvertes d'or &
d'argent. Il y avoit une infinité d'e-

me-

meraudes, de perles & d'autres joiaux. Les *Yncas* tenoient une forte garnison à *Carangua*, pour retenir de ce côté là les peuples dans le respect.

De *Carangua* on va à *Otaballo* & à *Cocesqui*: mais il faut passer par des montagnes couvertes de neiges. On va ensuite à *Guallabamba*, qui est à trois lieües de *Quito*, où il fait de grandes chaleurs, parce qu'on est sous la Ligne & que l'air s'échaufe beaucoup plus qu'ailleurs dans les endroits qui sont renfermés entre les Montagnes.

CHAPITRE V.

Description de la Ville de Quito, &c.

LA Ville de *Quito* est la principale Ville du *haut Perou*. Cette Ville est dans la Vallée d'*Anaquito*, à un Degré de hauteur Meridionale. *Quito* étoit autrefois Capitale du Roiaume de *Quito*, dont *Guainacapac* donna la Souveraineté à son fils *Athaualipa*. C'est en cette même,
Vil-

Ville que *Pizarre* défit *Nunez* & lui fit trancher la tête. En 1545. elle étoit au plus haut point de fa gloire; car c'eft alors qu'on fit la decouverte de plufieurs mines d'or aux environs de *Quito* : Mais depuis ce tems là elle a perdu quelque peu de fon premier luftre.

Le terroir de *Quito* eft fertile & propre à nourrir du bêtail, il y croit des grains & des fruits. On peut dire que le Climat reffemble beaucoup à celui de nôtre Efpagne; car l'été y eft à peu près de même.

Quoique les Indiens de *Paflo* foient d'affés bonnes gens, quand on fait les prendre, cependant ceux de *Quito* les furpaffent. Il y demeure beaucoup d'Efpagnols, mais pour un qu'il y a, on y trouve fix Indiens.

Pour le tranfport des marchandifes & des denrées, on fe fert à *Quito*, ainfi qu'ailleurs au *Perou* & au *Chili*, de certains *Moutons-Chameaux*, que les Naturels du Païs appellent *Llamas*, & les Efpagnols *Carneros de la tierra.* Ils ont la tête petite, le col haut & droit, la levre fuperieure fendue en deux. Quand on les inquiette, ils fe défendent en craçhant ; ce qui caufe des puftules

C 5 à

à celui sur qui ces animaux ont craché. Ils portent depuis quatre vint jusqu'à six vint livres pesant. Ils ne marchent point la nuit, & ne font que quatre ou cinq lieües par jour. Quand ces animaux sont las, ils se couchent par terre, & y restent jusqu'à ce que les forces leur soient revenues: après quoi ils recommencent à marcher. Il n'y a point d'animal qui marche aussi surement que celui là dans les rochers, parce qu'il s'accroche par une espece d'éperon qu'il a naturellement au pied.

Il y a trois ou quatre sortes de *Llamas* ; l'Animal proprement nommé ainsi, la *Vigogne*, les *Guanacos* & les *Alpacas*. La laine du *Llamas* n'est pas si belle que celle de la *Vigogne*. La laine de l'*Alpaca* est très fine & noire. Il se fait de l'une & de l'autre beaucoup de commerce.

On trouve dans la Province & aux environs de *Quito* quantité de pourceaux, de chevres, de lapins, de poulets, de perdrix, de pigeons, & de tourterelles; beaucoup de Maïz, & plusieurs sortes de racines & de fruits. Autrefois les Indiens de cette Province filoient & travailloient
aux

aux toiles & aux habits , pendant
que leurs femmes alloient labourer
les terres ; mais cela ne les empêchoit
pas de s'appliquer dans l'occafion à
l'exercice des armes. Aujourd'hui cela
est un peu changé : quoique les moins
civilifés d'entre ces Indiens vivent encore à la maniere de leurs Peres.

Il y a à *Quito* des Manufactures de
drap, de ferge & de toiles de coton,
qui n'empêchent pas qu'on n'en
fournisse quantité d'ailleurs. Ces é-
tofes, qui font groffieres, fervent à
habiller le peuple. On en debite auffi
dans le *Perou* & dans le *Chili*, & même
à la *Terra-Fierma* & à *Panama* par
Guiaquil, qui est comme le port de
Quito. On en tranfporte auffi par terre
dans le *Popayan*. Les hautes Montagnes qui enferment cette Ville abondent en or, que les pluies violentes &
les ravines d'eau détachent de ces vaf-
ftes montagnes & entrainent avec le
fable. Au tems de ces pluies, & lorfque les neiges forment les ravines,
les *Indiens* s'y rendent en troupes,
ramaffent ce fable & le lavent pour
en tirer l'or. C'est cet or fi defira-
ble, qui y attire nos Espagnols, & qui
fait qu'en certains tems de l'année

Quito regorge de gens qui viennent
de tous côtés trafiquer avec les *Indiens*, & qui se dispersent ensuite aux
environs, comme à *San-Miguel d'Y-
barra*, à *Sevilla de l'oro*, & à *Baieça*
&c. quand il n'y a rien à faire à
Quito.

Pour diminuer le plaisir & le bonheur que l'on attend des richesses immenses de *Quito* & des
lieux qui l'environnent, on y
respire un air mal sain & des broüil-
lards épais, qui causent des fievres,
des coliques dans les entrailles, & des
fluxions dangereuses : de sorte que
bien souvent ceux qui vont
chercher leur felicité dans les montagnes de *Quito* y rencontrent la maladie & la mort.

Quito est siege Episcopal. L'Evêque a dix huit mille Ducats de revenus, son Vicaire & les subalternes
ont dequoi s'entretenir à proportion.
Le Roi paie cela ; mais ce qu'il paie
& qui est couché sur l'Etat n'est
qu'une bagatelle, en comparaison des
profits secrets & des revenus cachés.

Les Palais de *Tomebamba*, ou
plutôt les restes de ces Palais, sont
à

à trente lieües de là. De *Quito* on va
à *Pancaleo*. Les Indiens qui y demeurent different un peu des autres pour
l'habillement. Ils ont auffi confervé
la langue de *Cufco*, mais ils ont leur
langu018age particulier. Ils portent la
chevelure longue, & quand elle les
incommode, ils la nouent avec un
ruban. Ils portent auffi une efpece de
chemife de coton, ou de longue che-
mifette, fans manches & fans col-
let, & par deffus des manteaux de
laine ou de tafetas fuivant la faifon.
Ils en portent auffi de coton : mais
en general les habillemens de tous les
Indiens du *Perou* ne different pas
beaucoup les uns des autres. Les
gens diftingués par les biens & les
honneurs fe diftinguent en ces chofes comme par tout ailleurs. Pour
les femmes, elles portent ordinairement de longues robes, qu'elles attachent avec une bande fort large de
laine. Elles fe mettent auffi autour
du col des bandes de laine très
fine, qu'elles attachent avec des a-
grafes d'or ou d'agent. Leur maniere de fe parer eft affés propre.
Elles portent leurs cheveux en ca-
denettes, qui leur tombent agréa-

C 7   ble-

blement fur les épaules ; & comme
avec cela elles ont le teint fraix &
blanc , elles frapent & plaifent
beaucoup , fur tout quand ces a-
grémens fe trouvent accompagnés
d'une grande vivacité.

On a à deux lieües de *Pancaico* les
reftes d'un bourg qui s'appelle *Mu-
lehalo.* Tout près il y a un Volcan.
Plus loin on a la *Tacunga*, qui autrefois n'étoit pas moins fameufe que
Quito. Ses ruines en font foi. De
la *Tacunga* on va à *Muliambo*, delà
à *Rio* d'*Ambato.* Deux lieües plus
loin on eft à *Mofcia* , puis à *Rio-
bamba* dans le *Purvaes*, où fe voient
de belles Campagnes pleines de
fleurs & d'herbes excellentes. *Caiam-
bi , Tambos , Tiguicambi , Cannari-
bamba* & *Tamboblanco* fuivent enfuite. Tous ces lieux font du reffort de
los Cannares , de même que *Tomebamba*, qui eft dans le *Chemin* Roial au
pied des *Andes*, Païs froid , arrofé de
deux rivieres , où l'on voit affés de
gibier. Il y avoit dans la terre de *los
Cannares* les Magafins & les Arfenaux des *Yncas*, à dix lieües de diftance les uns des autres. Ces lieux
étoient gardés par les principaux Officiers

ficiers des *Yncas*, & ils y faifoient
même leur refidence par ordre de
leur Souverains, afin d'être à portée d'empêcher les troubles.

Le Temple du Soleil, qu'on voioit
autrefois à *Tomebamba*, étoit bâti de
belles pierres noires & vertes. C'eft une
efpece de Jafpe, que les Naturels de
ces Montagnes reçoivent en troq contre d'autres marchandifes des *Indiens*
de l'*Amazone*. Les portes du Palais
Roial des *Yncas* à *Tomebamba* étoient
toutes ornées de figures d'oifeaux,
de bêtes à quatre pieds & de toutes
fortes de reprefentations fantaftiques.
L'or & l'argent reluifoient par tout,
& l'on y voioit quantité d'émeraudes enchaffées en des plaques d'or.

Quand on a paffé la *Cordilliera* du
côté de *Tomebamba*, on entre dans
les Terres des *Pacamoras*. Ce Païs,
qui eft affés inconnu encore, fut decouvert autrefois par *Juan Porzei* &
par *Vergara*. Ils y bâtirent quelques
Villes, pour tenir en bride les *Indiens*.
Ces Terres font à plus de 60. lieües de
Quito par les Montagnes. A quarante
cinq lieües plus loin on entre chez
les *Chicapoyas*, où les Efpagnols ont
bâti *San Juan de la Frontera*. On af-
fu-

sure que tout ce Païs, qui est au delà des *Andes*, est très abondant en
or, & que les *Indiens*, qui habitent
au Nord-Est de *San Jago de las
Montanas*, n'en font pas plus de cas
que nous du cuivre & du fer: mais
les Espagnols n'ont pû encore subjuguer ces Peuples, soit à cause des
difficultés qu'on rencontre avant
que de pouvoir penetrer dans leurs
Païs, ou parce qu'ils se sont mieux
defendus que leurs Voisins. Toute l'étendue de terres qui est
renfermée entre les *Andes*, *Aguarica*, le Fleuve des *Amazones* & *Majo-
bamba*, est trés riche en or & en
pierres precieuses, comme sont les é-
meraudes, les saphirs &c. Les peuples
y seroient assés dociles, pourvû qu'on
les traitât doucement : mais ils sont
courageux & guerriers, fort prevenus
contre les Espagnols & se tenant
beaucoup sur leurs gardes , quand
ils negocient avec eux.

Ces Peuples sont robustes, de haute taille & bienfaits. Les femmes sont
belles & afables. Leurs habillemens
sont des toiles de coton, qu'elles fabriquent elles mêmes aussi industrieuse-
ment qu'on les fabrique en Europe, ou
de petites étofes de *Quito*, des tafetas ,
&

& autres étofes de foie, que nos Efpagnols leur troquent avec un profit
de deux ou trois cent pour cent. Les
hommes s'occupent à la chaffe & font
des courfes dans les Terres pour trafiquer avec leurs voifins ou pour leur
faire la guerre. Ces Provinces furent
d'abord reduites fous la Domination
Efpagnole par *Alonzo d'Alvarado* en
1536.

Des *Chicapoyas*, tirant au Nord-
Oueft, on va à *Jaen*, & chez les
Chaguancas, qui habitent dans les *Andes*. *Jaen* eft une petite ville au pied
d'une des *Andes*, dans la Vallée de
Vega. Les environs de *Jaen* font fous
la Domination Efpagnole. Il y a
dans les montagnes des mines d'or,
& dans la vallée beaucoup de grains
& de beftiaux. Autrefois les habitans de ce canton ne s'occupoient
qu'à fabriquer les étofes qui fervoient à habiller les *Yncas* & leur
Cour ; parce que tous ces Peuples
étoient fort induftrieux. Ils confer-
vent encore cette induftrie & s'occupent à des ouvrages qui de-
mandent de la delicateffe & du
foin, comme la Tapifferie, les ouvrages de broderie, &c qui ne cedent

dent en rien à ce qui se travaille le plus proprement en Europe. On assure que la coutume de ces Peuples étoit de faire enterrer les femmes toutes vives avec leurs maris défunts, & l'on dit que cela se pratique ainsi plus avant vers l'*Amazone* : mais en géneral pour les moeurs, les coutumes & la Religion, ils ne diférent pas des autres Indiens.

Des *Chicapoyas* tirant au Sud-Est on se trouve chez les *Moteyones* & l'on va à *Maiobamba*. Au delà, vers le Sud-Oüest on a *Saint Leon* de *Guanuco*, à quarante lieües de *San Juan de la Frontiera*. *Guanuco* est dans un Païs agreable & de bon air, où tous les fruits que l'on a aporté d'Espagne, viennent fort bien. Il y a beaucoup de gibier. Le *Chemin Roial* passe à *Guanuco*.

On trouve à quarante huit ou cinquante lieües de *Guanuco* une autre *Colonie* d'Espagnols. C'est *Guamanga*, que nos gens nommerent *St. Juan de la Vittoria* de *Guamanga*. Elle fut bâtie par les Espagnols qui étoient avec *François Pizarre*, pour defendre les passages qui sont entre *Lima & Cusco*. Il passe à *Guamanga*

manga une riviere dont l'eau eſt fort bonne, & l'on y voit d'aſſés jolies maiſons de pierre, des jardins & une belle place où les Indiens portent leurs denrées à vendre. Le *Chemin Roial* paſſe à *Guamanga.*

L'air de *Guamanga* eſt fort temperé, & ſain. Les habitans y ſont courtois & affables, paſſant la vie dans la tranquillité & les plaiſirs que la ſituation du lieu leur procure. Ils ont quantité de parcs pour leurs beſtiaux aux environs de la Ville près de *Rio Vinoquo*, qui eſt la riviere de *Guamanga.* Il paſſe ſouvent des Miſſionnaires par cette Ville, pour aller convertir les Peuples d'au delà les Montagnes. Le froment qui croît en ce Païs là eſt auſſi beau que le plus beau froment d'*Eſpagne.* Il en eſt de même des fruits.

Je n'oublierai pas de remarquer, qu'il y a près de *Rio Vinoquo* les ruines d'un beau Palais des *Yncas*, d'une ſtructure toute diferente des autres Palais du *Perou :* celui de *Vinoquo* étant quarré, au lieu que les autres étoient longs & étroits.

De *Guamanga* à *Cuſco* il y a quarante

rante cinq liëües. *Bilcas* eſt à huit liëües de *Guamanga*. La Riviere de *Bilcas* vient d'un Païs aſſés abondant & plein de mines, où les Indiens ſons guerriens & gens de fatigue. De là on paſſe aux *Andaguaylas* & enſuite à *Abançay* ſur la Riviere du même nom. Tout ce canton eſt auſſi rempli de mines. Le *Chemin Roial* paſſe à *Abançay* : mais cela n'empêche pas que les routes ne ſoient mauvaiſes, perilleuſes, & dificiles à travers les rochers & les montagnes, dont les deſcentes ſont dangereuſes, ſur tout pour les chevaux & les mulets, quand ils ſont chargés. A cauſe de cela on s'y ſert beaucoup de *Llamas*.

D'*Abançay* on va à *Matambo*, & paſſant les Montagnes de *Villaconga* on entre dans la Vallée de *Chiguixagana*, terre de mines, comme toutes les precedentes. Il y avoit autrefois dans cette Vallée des Jardins & des Maiſons de plaiſance des *Yncas*. *Matambo* n'eſt qu'à quatre liëües de *Cuſco*. On paſſe par le *Chemin Roial*, ſans quoi la route ſeroit beaucoup plus mauvaiſe. De là on va à *Cuſco* autrefois la Capitale de l'Empire

pire des *Yncas*. Cette Ville fut bâtie
pas *Mango-capac* premier Prince de la
famille des *Yncas*, en un terrain
inegal & fermé de montagnes de
tous côtés, près de la Riviere d'*Yuçay* & de l'*Apurina*. On voit au
Nord fur une colline les reftes d'une
forterefle jadis fameufe par fes threfors. *Cufco* a au Nord & à l'Eft les
Andefuios & les *Omafuios*, au Sud les
Callogas & les *Condefuios*.

La Ville de *Cufco* eft divifée en deux
parties, dont l'une s'appelle *Havan-
Cufco* & l'autre *Oran-Cufco*. On voioit au tems des *Yncas*, fur le Mont
Caremga, qui eft auprès de *Cufco*, de
certaines tours où ces Princes faifoient marquer le cours du Soleil.
Au millieu de la Ville ces mêmes
Yncas avoient pratiqué une belle &
grande Place, d'où fortoient, pour
ainfi dire, quatre rues magnifiques,
qui reprefentoient les quatre parties
de la Monarchie du *Perou*, & cela
fubfifte encore ainfi aujourd'hui.
On peut dire que de toutes les Villes
de ce grand Etat celle ci étoit la
plus fuperbe, la mieux bâtie, la plus
ornée de beaux Bâtimens, la plus
riche & la plus puiffante. Il n'é-
toit

étoit pas permis d'en tranſporter des richeſſes, ſans la permiſſion du Souverain, & il y alloit de la vie à s'y hazarder. Le plus riche & le plus fameux Temple du Soleil étoit à *Cuſco.* On le nommoit *Curiacanche.* Le Grand Prêtre du Soleil s'appelloit *Villaouna.* Ce Temple ſuperbe renfermoit des richeſſes prodigieuſes. On y voioit comme des trophées ou des captifs dûs au Soleil toutes les Idoles des Peuples que les *Yncas* avoient ſubjugué. Un quartier de la Ville étoit habité par des étrangers nommés *Mitimacs,* qui s'étoient ſoumis aux *Yncas,* & qui obſervoient une police fort rigide, conformement à leurs propres uſages & ceremonies, quoique devenus ſujets des *Yncas.* Les *Yncas* avoient leur Palais dans la Fortereſſe de *Chachſa-huama,* qui étoit en quelque façon compoſée de trois Fortereſſes, diſpoſées en triangle. Celle du millieu faiſoit le domicile des *Yncas.* Les Murailles y étoient incruſtées d'or & d'argent, & ornées de toutes ſortes de figures. On ne pouvoit aller à cette fameuſe Citadelle que par des ſouterrains dificiles, dont les chemins embaraſſés &

tor-

tortueux formoient un labyrinte d'où l'on avoit peine à fortir. Toute la Citadelle pouvoit être regardée comme imprenable, étant bâtie de quartiers de pierres quarrées, d'une grandeur fi extraordinaire, qu'à peine plufieurs boeufs pouvoient tirer une de ces lourdes maffes : de-forte qu'on pouvoit regarder ce Bâtiment comme un chef d'oeuvre de l'induftrie humaine. Nos gens ont détruit cet Edifice fuperbe ; mais n'aiant pû remuer ces pierres enor-mes, ils ont été obligés de laiffer fubfifter la plus grande partie des murailles. Ce qu'ils en ont pris a fervi à bâtir plufieurs belles maifons de la Ville.

Du tems des *Yncas* il n'étoit point permis aux habitans de *Cufco* de s'al-ler établir ailleurs. Il y avoit autre-fois en cette Ville un grand con-cours de fujets de ces Princes, ce qui n'eft pas étonnant, puifque la forme du Gouvernement de ces Monarques obligeoit tout le monde à lui venir rendre fes hommages : car les principaux du Païs étoient forcés par l'ordre du Souverain de lui re-mettre leurs enfans comme des ôta-ges,

ges, fous pretexte de leur·faire a-
prendre la langue de *Cufco*, ainfi que
je l'ai deja dit : & les autres particuliers y venoient pour travailler
aux Bâtimens de la Ville, pour ne-
toier & entretenir les rües & les
chemins, pour faire toutes fortes
d'Ouvrages Mechaniques à l'ufage
de la Cour, & y exercer les arts fous
les yeux du Prince. Cette forme de
Gouvernement entretenoit en même tems la fidelité & l'émulation des
Perouans.

L'or & l'argent du *Perou* venoient
aborder à *Cufco*. Il y avoit autrefois
aux environs, & il y a encore aujourd'hui, des mines fort riches: mais
on les a un peu negligées, à caufe de
celles du *Potofi*, qui depuis long
tems fourniffent beaucoup de richeffes avec moins de danger que celles
des environs de *Cufco*. Celles de
Lampa & celles de la *Cordilliera* de
Cufco font confiderables ; quoiqu'il
y en ait d'infiniment plus riches vers
les *Moxos*, où l'on trouve des Indiens
fort riches en or, mais d'un naturel
fauvage & farouche. Nos Efpagnols ont quelque peu de com-
mer-

merce avec les Peuples qui font au
delà des montagnes de *Cufco.*

Il y avoit à *Cufco,* du tems des *Yncas,*
des quartiers affignés pour chaque
Province du *Perou.* Les *Collaguas,* les
Caguares, ceux de *Paftos,* de *Quito*
&c, demeuroient tous en des quartiers
diferens, & s'y gouvernoient fuivant leurs propres coutumes & ceremonies : mais les uns & les autres
étoient obligés d'adorer le Soleil
Pere des *Yncas.* Il y avoit, en diferens endroits de la Ville, des Edifi-
ces fouterrains où fe tenoient les
Devins & les Enchanteurs : & c'eft
en ces fouterrains que nos Efpagnols
déterrent de tems en tems quantité
d'or & d'argent.

Les Vallées qui font autour de
Cufco abondent en grains & en fruits.
Celle d'*Yucay* renferme des jardins &
des Maifons de Campagne, où nos
gens n'ont rien épargné de ce qui
peut occuper agreablement les paf-
fions. On y voit auffi de beaux
reftes de la magnificence des *Yncas.*
L'air y eft fi pur que les gens indif-
pofés & malades s'y font mener pour
reprendre leurs forces & recouvrer
la fanté. Les autres Vallées font

auſſi fort agreables. Enfin rien ne
manque à *Cuſco*, & c'eſt le ſejour
où j'aimerois le mieux paſſer ma vie
pour le plaiſir & pour la ſanté; quoique l'air y ſoit un peu froid, à cauſe
du voiſinage des *Andes*.

On compte dans *Cuſco* quinze à
ſeize mille Eſpagnols, Creoles ou
Indiens, ſans parler des étrangers
qui s'y rendent pour le trafiq. Les
Egliſes y ſont tres riches, de même
que les Maiſons Religieuſes, entre
leſquelles brille ſur tout celle des
Jeſuites.

CHAPITRE VI.

Suite de la Deſcription du Perou, *depuis* Cuſco *juſqu'au* Potoſi. *Suite
de la Côte, depuis* Arequipa *juſqu'au* Chili.

LA Vallée d'*Yuçay*, dont je viens
de parler, s'étend à plus de trois
lieües au delà de *Cuſco* entre de
hautes montagnes. A deux lieües
plus loin eſt le Val de *Tambo*, où
l'on voit encore des ruines magnifiques

ques des Magafins & Arfenaux
des *Yncas.* Enfuite on fe trouve dans
le Païs des *Calloguas* & des *Conde-*
fuios, peuples guerriers & belliqueux,
qui n'obeïffent pas volontiers à
nos gens, & qui leur font du pis
qu'ils peuvent. Ils habitent dans
les hautes montagnes, où ils ont
leurs Bourgs & leurs Villages. Ils
font adroits & grands chaffeurs, à la
maniére de tous les Indiens. Le
Chemin Roial paffe à *Chancas* & des
deux côtés du Lac de *Titicaca,* fi fameux au tems des *Yncas.* Tout le
Païs qui eft autour de ce Lac a-
bonde en Mines, dont une partie eft
decouverte ; mais les principales
reftent inconnues, à caufe de la
grande haine que les Indiens de ces
terres ont pour la Nation Efpagnole,
qui les tyrannife d'une maniere impi-
toiable.

Le Lac de *Titicaca* eft dans le
Païs des *Calloguas* & des *Omafuios.*
Les environs font bordés des habitations de ces Peuples. On y trouve de fort bon poiffon. Il y avoit là
autrefois un fameux Temple du Soleil & divers threfors cachés. On
affure qu'il y en a encore plufieurs

aux bords de ce Lac de *Titicaca*, &
nos Espagnols y vont creuser de
tems en tems pour en chercher. Au
de là du Lac de *Titicaca* le *Chemin
Roial*, qui se separoit en deux Chemins à droite & à gauche de ce Lac,
n'en fait plus qu'un au dessous de
Choquiapo entre les *Andes*, & con-
tinue ainsi jusqu'à *Plata*. Tout ce
Païs est fort rude & fort dificile, à
cause des Montagnes, qui le rendent
d'un accés malaisé : mais en re-
compense il enferme quantité de
richesses dans ses entrailles.

Plata est une jolie Ville dans la
Province de *las Charcas*, à cent cinquante lieuës de *Cusco*, & à deux
cent, ou à peu pres, de *Lima*, dans
un des endroits le plus froids du
haut Perou. Elle n'est pas maintenant des plus habitées, mais ses
Bourgeois font tous fort riches, à
cause des Mines. Celles de *Porco* &
du *Potosi* n'en font qu'à dix huit
lieuës. Voici comment les Mines
de *Plata* furent decouvertes. Certains *Indiens* voiageant un jour dans
le voisinage de cette Ville avec un
nommé *Juan de Villareal* habitant
de *Plata*, vinrent à une haute Montagne

tagne fituée dans une plaine. Comme ils y aperçurent des marques d'argent, ils fe mirent à fouiller & tîrerent de cette terre grande quantité de ce precieux metal. Le bruit de cette decouverte s'étant repandu à *Plata*, il s'y fit un fi grand concours de monde, qu'en peu de tems le nombre des habitans augmenta jufqu'à fept ou huit mille ames. Cela fut caufe que l'on abandonna d'abord les autres Mines de *Porco*, de *Sant-Jagho* & de *Caravaia*, à caufe du grand profit qu'on trouva à celles de *Plata*. Il eft certain qu'il s'en trouvera quantité d'autres, quand on s'avifera de les chercher, & qu'outre cela il y a plufieurs veines de mineraux.

A l'égard de la côte ; d'*Arequipa* on va à *Xuli*. Ces deux Places font à 17. Degrés de hauteur. *Xuli* a été autrefois de plus d'abord qu'elle ne l'eft prefentement. A trois lieuës de là eft la Riviere de *Tambopalla*, & fept lieuës plus loin s'étend une pointe environ une lieuë en mer, au bout de laquelle gifent trois écueils. Une autre lieuë au deffous de cette pointe on a le havre d'*Yllo* à l'embou-

D 3   chure

chure d'une Riviere de même nom, & à 18. Degrés & demi de hauteur. C'est un lieu toujours assés bien pourvu de vivres & de rafraichissemens. * De là la Côte s'étend au Sud-Est & au Sud-Est quart à l'Est. Cinq lieuës plus loin on a le Cap apellé le *Morro del Diabolo* pres de *Rio* de *Sama*. Au Sud-Est & Sud-quart à l'Est sept lieuës plus loin, on trouve une colline ou monticule avec quelques dunes; après quoi on trouve un ilet, & enfin le Port d'*Arica*.

Cette Place est importante à cause des Mines, & defendue par d'assés bonnes fortifications. Sa rade est à couvert des vens de Nord par de hautes Montagnes steriles. Il y a beaucoup d'*Indiens* aux environs de cette Ville, qui s'occupent à ramasser la *Guana*. Cette *Guana* est de la fiente d'Oiseaux, dont on se sert pour fumer les terres, & c'est un des meilleurs revenus

---

* Ce Havre d'*Yllo* ressemble assés bien à une Ile, & c'est une pointe de terre basse, qui demande que les Navires se tiennent à distance, à cause qu'elle s'élance dans la Mer.

venus d'*Arica*. Autrefois toutes les
richeffes du *Potofi* & des autres mines
de *las Charcas* y étoient voiturées
fur des *Llamas* ou *Guanacos*. Maintenant on a changé de route & pris
celle de *Lima* comme plus fure : ce
qui n'empêche pas qu'*Arica* ne foit
encore une Place de grand commerce.

Vers le Sud il y a un rocher qui
met la Ville à l'abri des vens de Sud,
& lui ôte par confequent la fraicheur
que ces vens apportent : deforte
que l'air de cette Ville eft mal fain
& fievreux. La *Guana* y donne
une odeur infupportable aux étrangers ; mais les habitans s'y accoutument, quoiqu'avec le tems les ex-
halaifons qui s'elevent de cet amas
de *Guana*, qu'on voit aux environs
d'*Arica*, jointes au mauvais air qu'on
y refpire, leur caufent des maux de
tête infupportables & leur donnent
une couleur de mort. Outre ces de-
fagrémens, *Arica* eft encore fort ex-
pofée à des tremblemens de terre.

Avant la venue de nos Efpagnols,
les *Perouans* alloient faire leurs facri-
fices fur le grand rocher qui couvre
la Ville du côté du Sud. Apres

qu'ils

qu'ils avoient facrifié, ils jettoient dans le creux du rocher ce qu'ils ofroient à leurs Idoles ; & l'on croit dans le Païs, que fi l'on pouvoit y penetrer, on y trouveroit des threfors immenfes : mais les Creoles & les Indiens du Païs difent que le Diable garde ces threfors. On croit la même chofe de la rançon que les *Indiens* apportoient à *Pizarre* pour la delivrance de l'*Ynca Athaualipa*, que ce Général Efpagnol fit perir inhumainement, après que Frere *François de Valverde* aiant vainement travaillé à le convertir, fe crut obligé de folliciter *Pizarre* à tirer l'epée contre ce Prince. Ces *Indiens* aprenant la mort de leur Souverain enfevelirent la rançon ou la jetterent dans les creux des rochers , & l'on s'imagine dans le Païs, que les Demons s'en font attribués la garde.

Explication des lettres qui font dans la Planche qui reprefente la vüe d'Atica.

A. le grand rocher où les Indiens faifoient leur facrifice.

B La paroiffe.

C Con-

C Convent des Peres de la
    Mercy.
D Convent de Saint François.
E Sucreries.
F L'endroit du rivage où eſt la
    ſource.

D'*Arica* la côte s'étend ſept lieües
vers le Sud-Ouëſt, où eſt l'embouchure de la Riviere de *Pizza-
gua*, & tenant la même route, il
y a dix-neuf lieües juſqu'au Cap
de *Tarapaca*, vis à vis duquel il
y a l'Ile de *Gouana*, qui eſt d'une
lieüe de circuit, & à une & demie du Continent. Le Cap de
Tarapaca eſt plus haut vers la mer
que vers les terres.

De *Tarapaca* la côte s'étend encore au Sud quart de l'Oüeſt environ quatre lieües. Alors on arrive à la pointe de *Decacana*.
Douze lieües par delà cette pointe,
on a le havre & la Baie de *Moxil-
lon* ou *Meſſillones* à 22. Degrés &
demi de Latitude Meridionale. De
Meſſillones la côte s'étend au Sud-Sud-
Oüeſt pendant ſoixante ſept lieües.
On trouve chemin faiſant *Morro-*

Mo-

Moreno & quelques autres Caps ou pointes, jufqu'à ce qu'on arrive à *Copiapo*, qui eft dans un Golfe. Un peu plus loin on a la Baie de *Rio-Selado*. Cette Riviere de *Selado* prend fa fource dans les Montagnes de *Guafco* chez les *Calchaques*. Suivant la Côte encore au Sud-Oüeft environ huit lieües, on trouve une pointe fans bois ni eau douce, près de laquelle eft *Coquimbo*. Entre *Coquimbo* & *Guafco* on a les Iles appellées *Muchillones*.

Coquimbo eft une belle Ville habitée des Creoles, des Efpagnols & des Indiens. Cette Ville eft riche & trafique beaucoup au *Perou*, fur tout à *Lima*. Les Anglois maltraiterent fort cette Place en 1680. & ce qui y contribua en partie fût le manquement de parolle du Gouverneur: Mais d'autre côté il étoit fort naturel de fe débaraffer de tels hôtes, & le manquement de parolle eft fort excufable, quand la promeffe eft arrachée.

Cette Ville eft environnée de beaux vergers & de jardins, où l'on voit de tres beaux fruits. Il y a beaucoup de froment, d'huile, de poix, de

de coton &c, Il y a auſſi du cuivre,
de l'herbe qui ſert à faire des cordages & des toiles: enfin on y voit
toutes ſortes de denrées neceſſaires
à la vie. Le Havre de *Coquimbo* eſt un
des meilleurs de l'*Amerique*. On y
peut ancrer ſur huit ou neuf braſſes.

De *Coquimbo* on va à *Herradura* &
à la Baie de *Tongoyo* ; De là on va à
la Riviere de *Limara*. Depuis cette
Riviere on ſuit toujours le même
cours juſqu'à *Choapa*, qui eſt une
pointe haute & mauvaiſe. Quinze
lieües plus loin ſur le même cours on
trouve le Havre de *Quinteros* à 32.
Degrés : mais avant le Havre de
Quinteros, on trouve des bancs qui
paroiſſent hors de l'eau, & qui s'appellent les bancs de *Quinteros*. Toute la terre eſt tres fertile entre
Quinteros & *Val-paraïzo* , à ſept
lieües de *Quinteros*.

La Ville de *Sant-Jagho* eſt voiſine
de *Val-paraïzo*. C'eſt un Siege Epiſ-
copal : mais le voiſinage de *Val-paraïzo* & les guerres des Eſpagnols
avec les *Chiliens* l'ont faite tomber
en oubli, & elle décheoit de plus en
plus. Pour *Val-paraïzo*, il s'y fait
beaucoup de commerce en toutes
ſortes

sortes de chofes, & l'on y recueille ou
tranfporte beaucoup d'or, fur tout
des parties Meridionales du *Chili.*
Il peut y avoir environ trois cent cinquante à quatre cent familles d'Efpagnols ou de Creoles gouvernés par
un Efpagnol : mais l'interieur des
terres eft fous la puiffance des *Caci-*
ques du *Chili,* dont une partie reconnoit en quelque façon l'autorité des
Efpagnols.

De *Val-paraïzo* on va à *Topa de Cal-*
ma. A neuf lieües de *Calma* on a la
pointe de *Maule* & une Riviere de
même nom. Les *Chiliens* de ce
quartier là ne font nullement fubju-
gués, & les terres qu'on a à cette
hauteur font fort peuplées, à ce
qu'on affure. Leurs habitations bordent le rivage de la Riviere de *Maule*
& ils y ont toutes les provifions neceffaires à la vie. De *Maule* on va
à *Ytata,* & d'*Ytata* à la *Conception,*
Ville bâtie par *Valdivia.* La *Concep-*
tion eft une belle Ville, où le Gouverneur du *Chili* fait fa refidence.
On y fait le même commerce que
dans les autres Ports du *Chili.* Les
Araugues, qui habitent dans les terres
font ennemis mortels de nos gens, &
les

les plus vaillans de tous les *Indiens* du *Chili.* Plus avant au Sud & Sud quart de l'Oüeſt on a *Biobio* à dix huit lieües d'*Ytata*, enſuite le Port *Canero*, vers lequel la terre eſt extrémement haute; puis *Imperiale*, Ville qui donne ſon nom à la Riviere & fut bâtie par *Valdivia.* Enfin on trouve *Oſorno* & *Carelmapo.* Apres cela on trouve des terres inconnues ou peu frequentées. Tous les *Indiens* du *Chili*, & ſur tout ceux des parties Meridionales, haïſſent mortellement nos gens.

Le mot de *Chili* ſignifie froid, à ce qu'on dit : auſſi le Païs eſt il froid, principalement en allant vers le Pole *Antarctique.* Ces vaſtes contrées furent decouvertes en 1539. par *Pedro di Valdivia.* Elles ſont fort peuplées dans les lieux qui ne dépendent pas des Eſpagnols. Les *Indiens* du Païs tiennent du *Perou* pour les coutumes & la maniere de vivre, même pour les habillemens: mais ils ſont beaucoup plus braves que les *Perouans*, & beaucoup moins ſoumis qu'eux aux Eſpagnols, qui les ménagent & n'oſeroient les traiter comme des eſclaves.

D 7   Le

Le *Chili* eft un Païs tres fertile, où l'air eft fort fain. Tous les fruits de l'Europe y viennent fort bien & l'on y trouve quantité de Simples, dont la vertu & l'ufage nous font encore inconnus. On y trouve des Bois entiers de cocotiers ; des oliviers, des amandiers, du cumin, de l'anis, de l'ambre, de l'herbe à filer &c. Il y a de riches mines d'or & d'argent, fur tout à l'Eft vers le *Tucuman* & le *Paraguay*, prés de la *Conception* & du côté de *Rio de Guanache*, qui traverfe le Païs ou quartier de *Cuyo* & le fepare de celui de *Pampas*. L'avidité que nos gens eurent pour ces richeffes ruina prefque autrefois les Colonies du *Chili*. Depuis ce tems là les Hollandois & les Anglois ont effaié de s'y établir à leur tour : mais les *Indiens* voiant que ces Peuples ne font pas moins intereffés que nos Efpagnols, n'ont eu garde de favorifer leurs entreprifes ; & je trouve qu'ils font fages d'en ufer ainfi. C'eft principalement à l'avarice infatiable de *Pedro di Valdivia* qu'eft düe la haine implacable que les Naturels du *Chili* portent à nos gens. Ce *Valdivia* les emploioit

oit par milliers à lui amaſſer de
l'or, & quand ils n'avoient pas
fourni leur tache, il les traitoit d'u-
ne maniere ſi cruelle, qu'enfin ils ſe
revolterent ſous la conduite de *Cau-*
polica & maſſacrerent impitoiablement un grand nombre d'Eſpagnols.
Ils firent perir miſerablement ce *Val-*
divia, & lui verſant dans la bouche
après ſa mort deux ou trois livres
d'or fondu, accompagnerent le ſuplice du malheureux Eſpagnol de
ces parolles inſultantes. " ô *Val-*
„ *divia*, tu n'as jamais pû te raſſa-
„ ſier d'or pendant ta vie, quoique
„ nous aions fait de nôtre mieux
„ pour apaiſer ton avidité : mais
„ puiſque nous n'avons pû y reüſſir
„ juſqu'à preſent, bois en tout
„ ton ſaoul après ta mort. Voila
„ dequoi étancher ta ſoif." Ceux qui
ont ſuccedé à *Valdivia* n'ont gueres
profité de ſon deſaſtre : ce qui a-
liene de plus en plus l'eſprit de ces
Peuples du *Chili*.

Les Quartiers de *Maule*, d'*Ytata*
& de la *Conception* ſont les plus beaux
du *Chili*, & c'eſt là principalement
que nos Eſpagnols ſont établis, &
où ils ont quantité de riches fermes.

Ce-

Celui de *Biobio* est fort riche, car cette Riviere passe sur des veines d'or
que les *Indiens* amis de nos gens
vont ramasser dans les sables que
le courant de la Riviere entraine.
Les Campagnes de *Biobio* sont pleines de *Sarsaparilla* & de plusieurs
autres Simples, dont les *Indiens* con-
noissent l'usage, & dont ils se servent
dans leurs maladies. Quand on a
passé cette Riviere de *Biobio*, on entre dans les terres des *Chiliens* qui sont
en guerre avec nous. C'est le Peuple le plus guerrier & le plus adroit
qu'il y ait en *Amerique*; car outre
qu'ils combatent à la maniere des *Europeans*, ils ont encore apris l'usage
des armes à feu, & à s'en servir comme nous. Il ne fait pas bon parmi
eux pour ceux qui vont essaier de
les convertir: car ils paient fort mal
le zéle des Missionaires. L'avarice
des Peuples *Europeans* a toûjours été
un grand obstacle à la Religion Chré-
tienne en *Amérique*: car les *Indiens* disent ordinairement, qu'on les fait
Chrêtiens pour les rendre esclaves;
& il me semble que cela est assés veritable.

Je n'entre pas davantage dans le
dé-

détail de ce grand Païs ; ne le connoiſſant que par ce que j'en ai apris au *Perou.*

CHAPITRE VII.

De la Religion & des Coutumes des Perouans.

LEs Perouans adoroient du tems des *Yncas*, le Createur du Ciel & de la Terre ſous le nom de *Pacha-camac.* Ceux de la Vallée de ce nom lui avoient bâti un fort beau Temple, ainſi que nous l'avons déja dit. Cependant le Soleil étoit regardé chez eux comme le plus grand & le premier de tous les Etres , le Dieu Souverain & l'Arbitre de l'Univers. On l'appelloit *Tecebiraco-cha* en language de *Cuſco* , & c'eſt par ſa ſeule influence que , ſuivant eux , toutes choſes furent créées. Outre le Soleil & *Pachacamac* , ils avoient de la veneration pour pluſieurs creatures inanimées , & ſoutenoient que le Soleil avoit enfermé un eſprit dans chacune de ces Creatures; ainſi que le croient encore les
Ido-

Idolatres du *Perou* & tous les Peuples voisins. C'est à ces esprits qu'ils attribuent le bon ou le mauvais succés de leurs entreprises. Sans le secours d'aucun livre , & par la seule tradition , ils ont conservé jusqu'à maintenant, quoiqu'avec beaucoup de confusion , l'Histoire de leur Origine. Ils disent qu'il vint chez eux des Parties Septentrionales du Monde , un homme extraordinaire, qu'ils nomment *Choun*; que ce *Choun* avoit un corps sans os & sans muscles, qu'il abaissoit les montagnes, combloit les vallées & se faisoit un chemin par des lieux inaccessibles.   Ce *Choun* crea les premiers habitans du *Perou*, & leur assigna pour subsistance les herbes & les fruits sauvages des Champs. Ils raccontent encore, que ce premier Fondateur du *Perou* aiant été offensé par quelques habitans du plat Païs , convertit en sables arides une partie de la terre , qui auparavant étoit fort fertile, arrêta la pluie, dessécha les plantes ; mais qu'ensuite ému de compassion , il ouvrit les fontaines & fit couler les rivieres. Ce *Choun* fut adoré comme Dieu , jusqu'à qu'à ce que *Pachacamac* vint du Sud.

Choun difparut à la venue de *Pachacamac*, qui étoit beaucoup plus puiffant que lui, & qui convertit en bêtes fauvages les hommes que *Choun* avoit créés. *Pachacamac* créa les Anceftres des *Perouans* d'aujourd'hui, leur aprit la maniere de planter les arbres & de cultiver la terre. C'eft lui qu'ils ont depuis ce tems là regardé comme leur Dieu, à qui ils ont bâti des Temples & rendu les autres Honneurs Divins. *Pachacamac* a été adoré de cette maniere jufqu'à la venue des Efpagnols.

Ils difent qu'il leur aparoiffoit autrefois en forme humaine, & c'eft fous cette forme qu'il rendoit fes Oracles aux Prêtres. Il paroit qu'ils ont ouï parler d'un ancien Deluge univerfel, auquel il n'chapa que fort peu de gens, qui fe cacherent dans les creux des hautes Montagnes, où ils s'étoient pourvûs de vivres. Les Perouans ajoutent, que pour voir fi les eaux avoient diminué fur la furface de la Terre, on lacha deux Chevres à plufieurs reprifes; mais ces Chevres n'aiant pû trouver la moindre

dre petite herbe à brouter, s'en re-
tournerent fort mouillées dans la ca-
verne, d'où ils comprirent que les
eaux en'étoient pas encore en état de
s'écouler: Ainſi ils ne jugerent pas à
propos de ſortir encore de leur retraite. Ils les lacherent deux autres
fois aprés cela, & à la derniere ils
comprirent, par la boüe qu'ils virent
aux pieds des Chevres, que les eaux
achevoient de s'écouler. Alors ils
deſcendirent dans la Plaine, où ils
trouverent quantité de ſerpens que
le limon de la Terre avoit engendré.
Ils croioient auſſi la deſtruction de
l'Univers, & qu'elle ſeroit précedéé
d'une ſécherefſe extraordinaire; après
quoi l'air échaufé par cette ſécherefſe exceſſive s'embraſeroit de lui même, allumeroit ſucceſſivement toutes ſes parties & conſumeroit les A-
ſtres. C'eſt pour cela que quand ils
voioient quelque Eclypſe, ils chantoient des chanſons fort triſtes &
faiſoient des lamentations, croiant
que la fin du Monde aprochoit. Ils
croioient non ſeulement la fin de toute la Nature, mais auſſi ſon renou-
vellement & l'immortalité de l'a-
me. Ils attendoient la reſurrection
des

des corps : puifque quand nos Efpagnols nouvellement arrivés au *Perou*
allerent chercher des threfors dans
les fepulchres des morts , les *Perouans* les fuplioient de ne point endom-
mager les os de leurs Peres, de peur
que cela n'empêchât leur refurrec-
tion. Quelques fauvages que foient
la plûpart de ces Peuples de l'Amerique, on trouve pourtant chez eux
une idée plus ou moins confufe de
l'immortalité de l'ame.

Les *Perouans* enfeveliffoient leurs
Princes & les perfonnes diftinguées
avec beaucoup de magnificence, fi
tant eft qu'on puiffe appeller enfe-
velir ce qu'ils pratiquoient en cette
occafion : car ils les plaçoient fur
des fieges élevés & parés le plus
richement qu'ils pouvoient. Ils or-
noient ces morts d'une maniere fuperbe & enfeveliffoient enfuite auprès d'eux deux de leurs plus belles
femmes; car tous les Peuples de l'A-
merique ont toujours pratiqué la po-
lygamie, & regardé comme une chofe
dure & extraordinaire , que le Chriftianifme ordonne de vivre avec une
feule femme jufqu'à la mort de l'un
ou de l'autre. Nous avons parlé
de

de cela dans la premiere partie de
cette Relation. Ce qu'il y a de plaifant eft , qu'aucun de ces Peuples
ne permette aux femmes une pareille liberté : mais je trouve bien
plus plaifant encore , que les femmes des Grans du *Perou* fuffent affés folles pour difputer entr'elles à
qui feroit enfevelie avec eux. Il y
a aparence que leurs Prêtres & Ma-
giciens trouvoient des raifons pour
les perfuader à mourir ; mais peut-
être qu'elles y étoient forcées par
une loi tyrannique des Maris , &
que l'honneur que l'on attribuoit à
cette mort pretendue volontaire fervoit à en cacher l'horreur. On en-
terroit encore avec ces Grans deux
ou trois Domeftiques, qui s'ofroient
de même volontairement à la mort,
& quelquefois en fi grand nombre,
qu'il falloit en envoier vivre jufqu'à
nouvel ordre. Ils ajoutoient pour les
befoins de l'autre vie beaucoup d'or
& d'argent travaillé , la plus belle
& la plus riche vaiffelle, des fruits,
du pain , du maïz , & autres pareilles chofes. De tems en tems on
alloit fervir à boire & à manger
au défunt en lui fouflant la nour-
ri-

riture dans la bouche , par le moien d'une Sarbacane , craignant qu'il ne mourut de faim après sa mort. Ils le pleuroient plusieurs jours, & mettoient sa figure en bois sur le sepulchre. L'Artisan y apportoit ses ouvrages, & le soldat y mettoit ses armes : tout cela pour honorer la memoire du défunt. Le deuil du Roi ou *Ynca* duroit pendant toute l'année : le premier mois sans rélâche, & dans le cours de l'année on le renouvelloit tous les quinze jours.

Je ne sai pas s'ils ont eu quelque communication avec le Diable , ni s'ils lui faisoient des demandes, & s'ils en recevoient des reponses. Tout ce qui n'est pas Christianisme, & tout ce qui est Heresie doit toujours s'attribuer à l'artifice du Diable : mais quoi qu'il en soit du Culte que nos Théologiens Catholiques, Apostoliques & Romains prétendent que tous les *Indiens* ont rendu au Diable; si les *Perouans* l'ont servi, ce n'étoit pas un éfet de leur respect, mais de leur crainte; Car ils ont toujours regardé le Soleil comme le Dieu Souverain. Lorsque Frere *Vincent de Val-ver-*

verde se mit à prêcher à L'*Ynca Athaua-*
lipa les verités de la Religion Catholique, Apostolique & Romaine, & qu'il
lui parla de la *Creation du Monde*, de
la Redemption du Genre humain par la
mort de Jesus-Christ, comment il avoit
été crucifié, aiant ensuite laissé N. S.
Pere le Pape, pour son Successeur, &c.
l'*Ynca* lui repondit, „ je ne recon-
„ nois point de Createur de l'Univers
„ que *Pachacamac.* Le Soleil est
„ immortel. Vous autres Espagnols
„ croiés tant qu'il vous plaira,
„ en Jesus-Christ, qui est mort, à
„ ce que vous dites, crucifié. Pour
„ moi je sai que le Soleil ne meurt
„ point. Je m'en tiens à lui & à mes
„ *Guacas.* (ces *Guacas*, sont en quel-
„ que façon les Dieux tutelaires des
„ *Perouans*,) il m'importe fort peu que
„ le Pape soit successeur de Jesus-
„ Christ , mais je sai que *Pachaca-*
„ *mac* a tiré toutes choses du néant
„ &c.   Quand les Prêtres, ou même les personnes distinguées avoient
à faire au Soleil quelqué priere extraordinaire, ils montoient de grand
matin au lever de cet Astre, sur un
haut échafaut de pierre destiné à cet
usage.   En quelques lieux du *Perou,*
les

les portes des Temples étoient du côté de l'Eſt, principalement ſous la Ligne. Ils y pendoient des toiles de coton peintes de diverſes couleurs. On voioit auſſi dans les Temples du *Perou* deux figures de pierre taillée, qui repreſentoient deux Boucs noirs, & devant leſquels on tenoit toujours un feu allumé. On y jettoit du Bois de ſenteur. On voioit encore dans ces Temples des figures de ſerpens: mais cela étoit plus ordinaire vers la Ligne & aux environs de *Cuſco.*

Pour les *Guacas,* dont j'ai parlé, les *Perouans* les veneroient ſous la figure de pierres, & les regardoient comme les Directeurs de leurs actions. Ces ſaintes Pierres étoient ſelon eux les Vicaires ou les Commis de la Divinité, qu'ils croioient trop élevée au deſſus des hommes, pour s'occuper de tout ce qui les regarde. Il n'étoit permis à perſonne de s'aprocher de ces *Guacas,* ſinon aux Prêtres, qui en aprochoient habillés de blanc & qui ſe proſternoient enſuite en terre, tenant en leurs mains des linges blancs. C'eſt en cette poſture, qu'ils prioient les *Guacas,* mais

dans une langue non vulgaire & non
entendue du Peuple. Ils recevoient
les ofrandes que les devots leur pre-
sentoient, en enfouissoient une partie dans le Temple, & gardoient
l'autre partie pour eux. Ces ofrandes devoient être d'or ou d'argent.
S'il y avoit quelque chose fort extraordinaire à demander aux *Guacas*,
ils leur ofroient des animaux & même des hommes, qu'ils ouvroient,
pour juger par leurs entrailles, si les
Guacas, leur seroient propices, & si
leur colere étoit apaisée; s'ils ac-
corderoient enfin, ou s'ils leur re-
fuseroient encore ce qu'ils avoient
demandé. Ceux qui faisoient les
ofrandes, qui rendoient leurs vœux,
ou qui venoient suplier les *Guacas*,
s'abstenoient du commerce des femmes, ne cessoient de crier & de hurler
toute la nuit. Ils couroient, comme des extravaguans, à l'honneur
des *Guacas*, & jeunoient avant que
de commencer leurs prieres. Quelques uns se couvroient les yeux,
s'estimant indignes de voir les *Guacas*, & même il y en avoit qui se
les arrachoient par un excés de devotion. Les *Yncas* & les gens de façon

çon n'entreprenoient rien sans a-
voir auparavant consulté ces *Guacas* par la bouche de leurs Prêtres,
qui oignoient la bouche & la face
de ces Idoles, & les portes de leurs
Temples du sang des hommes & des
bêtes qu'ils avoient sacrifié. J'ai ouï
dire qu'on avoit trouvé en quelques
endroits parmi les richesses consa-
crées à ces *Guacas*, des Crosses &
des Mitres tout à fait semblables à celles de nos Evêques. Mais on ne sait
pas à quel usage les *Perouans* desti-
noient ces choses.

Outre les Temples du Soleil & des
Guacas, il y avoit encore en divers
lieux du *Perou* des Convens de Vierges, qui étoient comme les Vestales
Romaines. Elles étoient obligées de
faire vœu de continence & leur cha-
steté devoit durer autant que leur vie.
Elles vouoient leur virginité au Soleil & s'occupoient dans ces Convens
à filer, à coudre, à travailler en toile, en laine & en coton. Ces Ouvrages servoient à l'usage des Temples
& des Idoles. On assure même dans nos
vieilles Histoires des Indes, que ces
Ouvrages étoient destinés au feu, &
qu'on les bruloit avec des os de bre-

bis blanches, pour en jetter enfuite les cendres en l'air, en fe tournant vers le Soleil: ce qui fignifioit qu'on les lui avoit confacré. Pour reve- nir aux Vierges devouées au So- leil, elles étoient gardées par des Prê- tres uniquement deftinés à cette fon- ction, & aucune d'elles ne pouvoit fortir du Convent, fous peine de mort. Si par malheur elles devenoient enceintes, on leur faifoit fubir la même peine, à moins qu'elles ne vou- luffent faire ferment qu'elles devoient leur groffeffe aux facrées influences du Soleil: fecret infaillible pour fauver la mere, l'enfant & le Prêtre par le moien duquel le Soleil avoit daigné operer fur le corps de la Veftale. Cette groffeffe Divine, qui s'attribu- oit au pretendu commerce du Soleil avec la Veftale, caufoit fans doute de grans abus, & je m'imagine que le Soleil devoit avoir beaucoup d'en- fans. Pour moi je fuis perfuadé qu'il en revenoit un double profit; car d'un côté les Prêtres fe divertiffoient à jeu fûr, & de l'autre le Peuple n'é- toit pas fcandalifé des divertiffemens de fes Prêtres.

Tous les ans & en Automne, les
Pr-

Perouans celebroient une grande Fête, lors qu'ils faisoient la recolte de leurs grains. La coutume étoit pour lors d'élever au milieu de la Place deux grans mats, tels que sont nos *Mays* en Europe. On mettoit au haut, autour d'un cercle orné de fleurs, certaines statues de forme humaine. Il y avoit à certaine distance quantité de *Perouans*, tous rangés en bon ordre, qui jouoient du tambour, & qui, en faisant beaucoup de bruit, tiroient, chacun à son tour, sur ces figures, jusqu'à ce qu'elles fussent abatues. Ensuite les Prêtres aportoient une autre figure, que l'on posoit au pied d'un de ces deux mats. On y sacrifioit quelque bête, ou même un homme, & l'on frotoit cette figure avec le sang de la victime. Si les Prêtres apercevoient quelque marque dans les entrailles de la victime, ils la declaroient au peuple, & selon que les signes paroissoient bons ou mauvais, la Fête s'achevoit dans le plaisir ou dans la tristesse. On y buvoit comme il faut, on y dansoit, & l'on y jouoit à diverses sortes de jeux en usage chez les *Perouans*.

CHA-

CHAPITRE VIII.

Abregé Hiftorique du Regne des Yncas.

LE *Perou* a été civilifé & gouver-
né avec fuccés par les *Yncas*, qui
étoient iffus du grand Lac de *Titi-
faca*. Le premier de ces *Yncas* s'appelloit *Mango-capac* que les *Perouans*
difoient né d'un rocher qu'ils montrent encore aujourd'hui prés de *Cufco*. Ce *Mango-capac* eut un fils nommé *Sicarocha*, qui lui fucceda. Il
eft à remarquer que la fucceffion du
Roiaume venoit au fils ainé en droite ligne; que celui-ci venant à mourir, fon frere lui fuccedoit ; qu'après
celui-ci le gouvernement retournoit au fils ainé de fon frere ainé,
après lui au frere de ce fils, enfuite
aux enfans de ce fils &c. La fucceffion fautoit, pour ainfi dire, de la
ligue directe à la collaterale, & de la
collaterale à la directe. *Llogue-Yupan-
ghi* fucceda à *Sicarocha* & le fils de
celui-ci, qui s'appelloit *Mayta-capac*,
agrandit le Roiaume du *Perou* par la
conquête de la Province de *Cufco*. Il
eut

eut pour succeſſeur ſon fils *Capac-Yupanghu* , qui fut ſuivi de *Mama-Cagua*. Ce *Mama-Cagua* eut pluſieurs fils & entr'autres *Yahuar-hua-sac-Yupajaghe* , qui étoit un Prince fort guerrier, & qui reduiſit pluſieurs Etats ſous ſa domination. *Viracocha* ſon fils lui ſucceda, & à celui-ci *Pachachutec* , enſuite *Coyan* fils de *Pachachutec*. *Coyan* fit bâtir la fortereſſe de *Cuſco* , que *Tupac Ynca-Yupanghi* fit achever. Cet *Ynca* conquit auſſi *Xila* & *Quito* , & fit commencer le fameux *Chemin Roial* où, il établit des poſtes de demi lieüe en demi lieüe, qui couroient auſſi vite à pied que nos poſtes à cheval, portant même les voiageurs ſur leurs épaules, ainſi que l'on aſſure que cela ſe pratique auſſi au *Congo* ; car avant nôtre venue au *Perou* , il n'y avoit ni chevaux, ni anes, ni mulets, ni autres bêtes de charge. On aſſure que cet *Ynca* laiſſa cent cinquante fils aprés lui, entre leſquels *Guainacapac* ſon ſucceſſeur ne dégenera nullement de la generoſité & du merite de ſes Anceſtres. Il adminiſtra la juſtice avec beaucoup de droiture, ſoit dans la paix ou dans la guerre, maintint l'ordre

dre & la police dans l'État, & redui-
fit le Gouvernement fous une meilleure forme qu'il ne l'avoit auparavant. Il annulla les loix ancienes,
changea les vieilles coutumes & leur
en fubftitua de nouvelles. *Guaina-*
capac eut, dit on, encore plus d'enfans que fon Pere, & laiffa pour fuc-
cesseur *Guascar Ynca. Guainacapac*
fut toujours fort refpecté de fes fujets, qui, pour lui mieux témoigner
leur affection, travaillerent volontairement à perfectionner les deux
Grans Chemins Roiaux, qu'on peut
regarder comme une merveille de
l'Univers. Ce Prince étant parti de
Cufco, pour faire la guerre contre la
Province de *Quito,* fut obligé de paffer par de hautes Montagnes fort ef-
carpées & d'un accés dangereux.
Ses fujets refolurent de lui facili-
ter le retour, & entreprirent avec
une peine incroiable de lui aplanir les
montagnes & les rochers, de com-
bler des vallées de quinze & vint braffes de profondeur. Ils firent enfin,
aprés un travail immenfe, un grand
chemin de cinq cent lieües, qui fe-
ra toujours un monument de l'amour
des *Peruans* pour leurs Princes, &
de

de la grandeur des *Yncas* ; quoique nos gens l'aient gâté en plusieurs endroits, pour rendre les passages impraticables à leurs ennemis, dans le tems des guerres qu'ils eurent entr'eux, ou qu'ils soutinrent contre les Naturels du *Perou.* *Guainacapac* aiant entrepris un nouveau voïage à *Quito*, pour visiter les Provinces qu'il avoit conquises, prit sa route à travers le plat Païs, & ces mêmes Sujets travaillerent, avec le même zêle & avec une peine inexprimable, à faire un nouveau chemin, en comblant les vallées & les marais, qui se trouvant dans la route de ce Prince la rendoient mauvaise. Ce chemin avoit quarante pieds de largeur, & des deux côtés de hautes murailles. Sa longueur étoit de cinq cens lieües. Les murs se voient encore & sont même assés entiers en plusieurs endroits. *Guainacapac* bâtit plusieurs Temples à l'honneur du Soleil, & fit grand nombre de *Tambos*, (c'est ainsi qu'ils nommoient leurs Magasins & leurs Arsenaux,) pour y amasser des Munitions pour la guerre, tant dans les Montagnes que dans les plaines & le long des rivieres. On en voit en

plufieurs endroits des ruines affés
entieres, Ces lieux étoient toujours
remplis de vivres & d'armes pour
vint ou trente mille hommes , & il
y en avoit de dix en dix lieües , ou
tout au plus ils n'étoient qu'à une
journée de diftance l'un de l'autre.

Au lieu de Couronne & de Scep-
tre, les *Yncas* portoient pour orne-
ment autour de leur tête des houpes
de laine rouge. Ces houpes leur
couvroient prefque les yeux, & ils
y attachoient un cordeau quand ils
avoient à faire faire ou à commander
quelque chofe. Lorfque l'*Yncas* avoit
donné ce cordeau à quelque Seigneur de fa Cour , le peuple étoit
obligé de refpecter ce figne d'autorité, & d'obeïr à tout ce que le Seigneur lui commandoit; quelque extraordinaire que put-être le commandement. Par exemple, quand il
fe feroit agi de ruiner une Province,
il auroit fallu obeïr à ce Gentil-hom-
me, s'il avoit donné cet ordre inju-
fte aiant le cordeau.

Les *Yncas* étoient portés dans une
voiture fort femblable à la Litiere ,
ouverte par les côtés , & couverte
de plaques d'or. Une centaine de Seigneurs

gneurs & de Gentilshommes diftingués la portoient fur leurs épaules,
ou la fuivoient : mais fouvent l'*Ynca* é-
toit porté fur un brancard. Il falloit
bien prendre garde de ne pas heurter
ni la litiere, ni l'*Ynca* ; car il y alloit de
la vie. Il n'étoit pas non plus permis d'aprocher de fa perfonne ou
de lui parler, fans avoir les mains
garnies de préfens. Il falloit lui en
faire toutes les fois qu'on vouloit
avoir audience ; & quand on l'auroit demandée dix fois en un jour,
dix fois il auroit fallu fe mettre
en état de faire des prefens à l'*Ynca*. Il étoit auffi defendu de le regarder en face.

Quand l'*Ynca* avoit fait la conquête de quelque Province, il y
faifoit de nouvelles Colonies & tran-
fportoit les anciens habitans en des
Provinces plus éloignées ; obfer-
vant pourtant de faire ces *Trans-
migrations* en des Climats qui fe
reffemblaffent. C'eft ainfi que les
habitans d'un Païs chaud étoient
envoiés en un Païs chaud, &
ceux d'un Païs froid en un Païs
froid ; les Montagnars dans d'autres
Montagnes &c. Il impofoit à fes

E 6 fu-

sujets pour tribut un certain revenu qu'il s'attribuoit sur le rapport de
leur terroir, & personne n'étoit obligé
de paier autrement qu'il ne pouvoit,
ni audessus de ses moiens.

L'*Ynca Guainacapac* aiant conquis la Province de *Quito* y établit
son sejour pendant quelque tems.
C'est en cette Ville que naquit *A-
tabaliba* ou *Atahualpa*, fils de *Gua-
nacapac*, qui lui donna la Souveraineté de *Quito*: mais *Guascar*, autre fils de *Guainacapac*, ne voulut pas
consentir à cette donation, & fit la
guerre à son frere ; ce qui causa
dans la suite la perte de la Monarchie du *Perou*. Le mot de *Guascar*,
signifie corde ou cable, & l'*Ynca
Guascar* fut ainsi nommé, parceque
quand il naquit, son pere *Guainacapac* fit faire un cable d'or si gros
& si grand, qu'à peine deux cens
hommes le pouvoient porter. Ce
même *Ynca* avoit une plaque d'or
de la valeur de vint cinq mille ducats. Elle échût en partage à *François Pizarre*, premier Viceroi du *Perou.* Toute la vaisselle, ses vases &c.
étoient d'or. Les *Yncas* avoient éta-
bli à *Cusco* quantité de boutiques
d'or-

d'orfevrerie, pour y fabriquer toutes
fortes de vaiſſeaux d'or & d'argent, de
joiaux, de ſtatues d'hommes, de bêtes, d'oiſeaux & autres figures. Et
bien que les Orfevres du *Perou* n'euſ-
fent pas l'uſage des inſtrumens de
fer, comme nous, ils ne laiſſoient pas
de faire ces Ouvrages & de les finir
avec beaucoup d'induſtrie.

La guerre entre *Guaſcar* & *Atahua-*
lipa fit perir quantité d'hommes de
part & d'autres; mais enfin *Atahua-*
lipa eut du pire & fut pris dans la
Province de *Tomebamba*. *Guaſcar* le
fit enfermer dans un Chateau, d'où
Atahualipa trouva moien de ſe ſauver
pendant que *Guaſcar* s'amuſoit à ſe
divertir avec ſes Oficiers aprés la vi-
ctoire. *Atahualipa* s'étant ainſi échapé ſe retira à *Quito*, & y fit accroire que ſon pere *Guainacapac* l'avoit
changé en ſerpent, que par ce moien
il s'étoit ſauvé en ſe gliſſant par un
petit trou. Il les invita à recom-
mencer la guerre & à lui prêter
du ſecours. Enfin il fit ſi bien qu'ils
ſe remirent en Campagne, & ils combatirent ſi vaillamment pour *Ata-*
hualipa, que *Guaſcar* fut vaincu à
ſon tour & pris priſonnier. *Atahua-*

E 7 *lipa*

lipa le fit mener à *Cufco* : mais *François Pizarre*, qui entra alors dans le *Perou*, profita de la diffenfion qu'il y avoit entre ces deux freres, & conquit ce Roiaume fi riche & fi floriffant ; aprés s'être rendu maitre de la perfonne du Roi, lui avoir demandé une rançon exceffive & prefque immenfe, & l'avoir enfuite fait étrangler dans la grande Place de *Cufco*, contre la parolle donnée. Vint jours avant la mort tragique de l'*Ynca Atahualipa*, il parut une Comete qui fit dire à ce Prince infortuné qu'elle prefageoit la mort prochaine de quelque grand Prince, fans penfer qu'elle pouvoit bien préfager la fiene.

Dans le tems qu'il traitoit de fa rançon avec les Efpagnols, il fit tirer *Guafcar* fon frere des prifons de *Cufco* & le fit tuer ; craignant que s'il tomboit auffi entre les mains des Efpagnols, il ne fut caufe qu'ils demandaffent une plus forte rançon. Ces deux freres étant morts, la couronne fut donnée à *Manco-Ynca*, autre fils de *Guainacapac*. Ce Prince, qui n'avoit que l'apl'apparence & l'ombre dé la Roiauté, se fit appeller *Manco-Capac*, *Puchuti Yupan*, & fut soumis au Roi d'*Espagne* comme son Vassal en 1557. le 6. de Janvier, qui est la Fête des Rois. Dans la suite du tems ceux qui restoient de la Famille Roiale des *Yncas* ne pouvant plus vivre sous la servitude s'allerent, dit on, établir dans l'interieur de l'*Amerique Meridionale*, où l'on assure qu'ils se sont emparés d'un Païs, où ils regnent encore avec beaucoup de magnificence, & qu'ils y ont conservé les Loix & la Religion du *Perou*. Le Païs qu'ils occupent est trés riche en or & en argent Telle fut la fin de l'Empire des *Yncas* du *Perou*.

CHA

CHAPITRE IX.

Voiage de Quito *à* Panama. *Villes qu'on trouve sur la Route de* Quito *à* Popayan. *Coutumes des Indiens de la Province de ce nom.*

JE partis de *Lima* sur la fin de 1695. pour m'en aller à *Quito.* C'étoit la troisiéme fois que je me retrouvois en cette Ville, où il n'auroit pas tenu à moi que je n'eusse fini ma vie à l'abri de ma petite fortune, à cause des habitudes que j'y avois contractées autrefois, si l'état de mes affaires me l'avoit permis alors. Mais j'avois à craindre d'ailleurs les poursuites de certaines personnes devotes de *Lima,* qui prenoient à tâche de me décrier partout, à cause que j'avois decouvert certaines intrigues qui ne s'accordoient pas avec la devotion qu'ils professoient, & qu'il m'étoit échapé d'en publier quelque chose. Non seulement ils me haïssoient pour l'amour de Dieu, mais leur piété m'auroit encore fait saisir par l'In-
qui-

quifition comme un Heretique, fi je m'étois obftiné à demeurer à *Lima*, & que dans la fuite du tems on eut apris qu'òn me trouvoit encore dans le *Perou*. Je pris donc la refolution de m'en retourner en Europe, & je fortisde *Quito* après y avoir fejourné deux mois entiers, dans le deffein d'aller parterre à *Panama*, pour peu que la route me parut praticable.

Je profitai de l'occafion qui fe prefentoit pour aller à *Popayan*, & je me mis en chemin avec le Convoi des marchandifes que l'on y envoie deux fois l'année de *Quito*. Les Marchandifes que l'on y tranfporte font des étofes fabriquées à *Quito*, de la Canelle, qui croit dans la Province de *Los Quixos*, du fer, du cuivre, du vin, diverfes étofes de foie & autres fabriquées en Europe, des dentelles d'or, d'argent & de fil, & quantité de petits Ouvrages de mercerie, qui fe négocient à 4 ou 5 Cent pour cent de profit aux *Indiens* qui font dans les terres. On y tranfporte encore beaucoup de Maïz & d'autres grains.

On trouve la rouite de *Quito* à *Popayan* affés agreable jufqu'à *Paffo*, pour-

pourvû qu'on ait paſſé les Mon-
tagnes de *Quito*. On ſuit toujours
le *Chemin Roial* qui finit à *Paſto*.
Cette Ville eſt à cinquante cinq
lieües de *Quito* & à cinquante de
Popayan. S. *Michel d'Ybarra*, qui
eſt ſur la route de *Paſto* près des
Montagnes de *Quacos*, eſt une petite
Ville peuplée d'Indiens aſſujetis aux
Eſpagnols, & de Creoles. Un
Padre gouverne ces gens. Le voiſi-
nage des *Indiens* non aſſujettis eſt fort
incommode aux habitans de S. *Michel*.
Cette Place eſt ſur la frontiere de la
Province de *Popayan*.

Tout le plat Païs juſqu'à la mer eſt
habité par des Nations Indienes, que
nos Eſpagnols confondent ſous le
nom de * *Braves* & de *Guerrieres*, parce qu'elles leur font bonne guerre.
Ceux que nos gens peuvent atraper
ſont envoiés aux Mines *du Perou*
& du *Popayan*. Pour eux ils maſ-
ſacrent les Eſpagnols. Ces Nations
occupent des Montagnes pleines de
Mines fort riches, & je ne doute
pas que l'on ne tirât de grands avan-
tages

* *Indios Bravos, Indios de Guerra.*

tages d'une alliance avec ces gens,
que l'on pouroit civilifer avec le tems.

De *Pafto*, qui eft une fort jolie
Ville habitée par quelques cen-
taines de Creoles, parmi lefquels il
y a foixante à foixante dix Efpagnols, la route eft dificile & dange-
reufe jufqu'à *Popayan*, tant à caufe
des *Indiens* fauvages, qui ne font
aucun quartier à ceux qu'ils atra-
pent, que pour les Montagnes qu'il
faut paffer, qui font pleines de pre-
cipices dangereux. Ceux qui voiagent dans ces quartiers fe doivent
fe munir de bons fufils pour éloi-
gner de tems en tems les *Indiens* &
les bêtes fauvages. Il faut auffi
prendre garde de ne pas s'écarter
des Convois, & de fe tenir toujours
dans le grand chemin; parcequ'il y
a ordinairement des *Indiens* en embuf-
cade dans les défilés & dans les bois.
Ces *Indiens* font fins & fubtils, & dif-
fimulent fort bien leur haine, quand ils
ne fe fentent pas les plus forts. On
leur troqua fur la route diverfes bagatelles pour des vivres qu'ils nous
donnerent en échange. Les *Indiens*
du *Popayan* & des environs de cette
Province ont pour demeure les
creux

creux des rochers, ou tout au plus de petites huttes ou cabanes faites de *Palmite*. Ils parlent si fort du gosier, qu'on a peine à distinguer leurs parolles, à moins que d'y être accoutumé. Les femmes ont pour habillement une jupe de toile ou un tablier de coton qui leur ceint le corps. Les hommes portent une espece de chemise qui passe à peine la moitié de la cuisse. Ils ont au né & aux oreilles des annaux d'or & des pierres, que je pris pour des émeraudes; aux bras & aux jambes des brasselets de verre & de corail, qu'ils preferent à tout l'or du monde; & sur la tête des plumes de diverses couleurs. Ils ont pour le moins autant d'attachement pour les petites bagatelles qu'on leur troque, que nous en avons pour l'or & l'argent. A l'égard du courage, ils en ont jusqu'à la fureur & traitent impitoiablement nos Espagnols, ainsi que je l'ai déja dit. Ils ont soin d'entretenir cette haine dans l'esprit de leurs enfans, & leur aprennent avec soin la date & l'Epoque de la Conquête de leurs terres. Ils ont de certains cordons de coton, aux

quels

quels ils font des noeuds d'espace
en espace, qui par leur grosseur ou
par leur couleur signifient les choses qu'ils veulent se representer. Ils
appellent ces cordons *Guappas.* Les
Peuples de l'*Amerique* n'avoient pas
l'usage de l'écriture avant l'arrivée
des Europeans, & la plus grande
partie d'entr'eux ne conservoit la
memoire des choses que par le moien
de ces cordons. Ceux du *Popayan*
montrent à leurs enfans les noeuds
qui marquent l'arrivée de nos gens
aux *Indes Occidentales* & les exhor-
tent à se ressouvenir, *qu'il vint alors
de la mer une troupe de voleurs avec
des barques ailées pour leur violer leurs
femmes, pour les piller, les tuer & les
detruire avec leurs enfans.* C'est ce
que j'ai apris à *Popayan* même.

Cette Ville, qui prend son nom
de la Province, ou qui le lui donne,
est le Siege d'un Evêque. Les habitans sont tous Creoles ou *Indiens,*
excepté quelques Espagnols. Ils
vivent fort à leur aise & fort agreablement. L'Evêque & les *Padres*
y gouvernent le Temporel autant
que le Spirituel : mais les courses
des *Indiens* rendent les environs de
la

la ville de *Popayan* peu furs, & genéralement on peut dire que le plat
Païs de cette Province n'eſt point
encore ſoumis. On a même été
obligé d'abandonner pluſieurs éta-
bliſſemens dans la Province, à cauſe
des *Indiens* qu'on n'a pu domter:
cependant ſi l'on en croit les Miſſionnaires, leurs armes feront ſur les
Sauvages ce que celles de nos gens
n'ont pû faire encore; car il s'en
convertit tous les jours, & leurs
moeurs s'adouciſſent beaucoup par
la converſion. Quoiqu'il en ſoit, j'ai
remarqué que les Creoles de cette
Province ſont fort adroits aux armes
& tres propres à la fatigue. Ils ont
beaucoup de courage & ne ſon-
gent pas tant à leurs plaiſirs que
ceux du *Mexique* & du *Perou*: ce
que j'attribue aux guerres continu-
elles qu'ils ont avec les *Indiens*, qui
les empêchent de vivre dans la mol-
leſſe. J'y ai remarqué encore
qu'auſſi-tôt que les *Indiens* ſont convertis par nos gens, on les mélange
avec les Creoles & que l'on s'allie
même avec eux, afin de leur faire ou-
blier leurs parens & leurs amis. Cette
politique, qui eſt tres bonne, ſe
pra-

pratique dans le *Popayan* & le *Paraguay* bien plus que dans les autres Païs des *Indes Occidentales*. La Province de *Popayan* a beaucoup d'or & diverses sortes de pierres precieuses. On en tire aussi du Baume, du Sang-dragon, du jaspe, & une espece d'agate. Sa situation est tres forte, à cause qu'elle a d'un côté la mer, & de l'autre les Montagnes où se tiennent ordinairement les Naturels du Païs que l'on n'a pas encore pû soumettre. Nos gens trafiquent avec eux par le moïen des *Indiens* convertis : mais ces trocs ne se font jamais selon la valeur reelle des choses, parce que ces Peuples estiment ce qu'on leur ofre à proportion du besoin qu'ils en ont, & du plaisir qu'ils trouvent à le posseder.

De *Popayan* à *Cali* nous suivimes la grande route. C'est à *Cali* que se tient le Gouverneur de la Province. Cette Ville est à quarante lieües de *Popayan*, au pied des Montagnes & sur le bord du *Cauca*, Riviere qui prend sa source dans les monts qui separent le *Perou* du *Popayan* Meridional. Le voisinage des *Indiens guerriers* y est incommode & facheux mais

mais les habitans ont la précaution
de ne pas s'engager dans les lieux
où les Naturels du Païs se tiennent.
Ces gens de *Cali* font adroits &
braves. Ils ont une espece de lance
qu'ils dardent avec une justesse si
grande, qu'ils ne manquent jamais
leur coup. Les environs de cette
Ville font fort agreables, excepté vers
les Montagnes, où, comme j'ai dit,
il y a beaucoup de mines d'or, que
les *Indiens* cachent avec soin.

Pour aller de *Cali* à la Mer *du Sud* je
traversai les Montagnes où se tiennent
les *Indiens Guerriers*, avec quelques
hommes que le Gouverneur envoioit
au Fort de *Saint Bonaventure*. Nous
étions tous bien pourvûs de poudre
& de bonnes Armes à feu, afin de
nous défendre contre leurs insultes,
& nous arrivames au Fort apres
avoir fait douze mortelles journées
avec beaucoup de fatigue & de
danger. Quand on a passé les Montagnes, on trouve aussi-tôt plusieurs
habitations des *Indiens*. Nous n'y
rencontrames en arrivant qu'un seul
vieillard & quelques enfans. Le
vieillard, qui paroissoit un homme
de soixante cinq ans, nous parla
en-

en fort mauvais Espagnol. Il nous
dit que ses gens étoient en course
mais qu'ils reviendroient le soir avec
les femmes. C'est la coutume
chez ces *Indiens*, que les femmes
s'occupent à la culture des champs,
pendant que les hommes chassent
& vont à la course emmenant avec
eux les garçons, dés qu'ils ont at-
teint l'age de douze ans. Lorsque
ces hommes retournent aux habitations, ils ramenent leurs femmes
avec eux & tous ensemble ils reviennent en chantant & en dansant
au son d'une espece de flute & d'un
tambour dont leurs Prêtres ou Devins jouent. Ceux qui dansent au
son de ces instrumens, répondent
aux Prêtres par des parolles entre-
coupées d'un bourdonnement, qui
aproche fort de celui des mouches;
& ce bourdonnement est toujours
accompagné de gestes comiques
& ridicules, & d'un mouvement si
violent; qu'on diroit qu'ils veulent
se disloquer tout le corps. Après
qu'ils se sont bien secoués, ils se
regalent entr'eux de leur chasse &
de leur boisson, sans y aporter beaucoup de façon. Quand il y a quel-

que chofe d'important fur le tapis,
comme feroit peut-être une partie de
chaffe &c, on s'affemble & l'on
mange enfemble. Les Anciens prefi-
dent à ces deliberations & donnent
les ordres aux jeunes : mais ces
Anciens reftent au logis avec les filles & les garçons, qui ne font pas
encore en age de pouvoir aider à
leurs Peres & à leurs Meres.

Le vieillard, dont je viens de parler, fit d'abord quelque dificulté de
nous donner des provifions que
nous lui demandions. Nous lui ofri-
mes de l'argent, qu'il refufa, en
nous difant, *qu'il ne fauroit que faire
de cela.* Alors nous lui prefentames des
bagatelles, & il en choifit ce qui
l'accommodoit le mieux : mais rien
ne lui plut davantage qu'une petite
linote de bois, qui imitoit le ramage
de cet oifeau, quand, après l'avoir
remplie d'eau, on y fouffloit par une
petite ouverture. Cela divertit extrémement le vieillard & le mit de
fort bonne humeur, fi bien qu'il n'eut
rien à nous refufer. Cela prouve
qu'il eft aifé de s'attirer l'afection de ces
Sauvages, pour peu qu'on veuille
s'aprivoifer à la foibleffe de leur raifon.

fon. Lorfqu'on a gagné cela &
que l'on a eu l'adreffe de remarquer comment il faut prendre les
Indiens, on peut fe flater de fe les attacher entierement : mais quoiqu'ils
nous paroifent fort fauvages & des
plus bêtes, ils n'aiment pourtant ni
la violence , ni le mépris, & favent
bien defendre leur vie & leur liberté.

La traverfée de ces Montagnes eft
fort longue, & c'eft ce qu'il y a de
plus dangereux fur cette route. Nous
fimes un féjour de huit à dix jours à
la Baïe de *Saint Bonaventure*, dont
j'ai parlé ci-devant. Nos Efpagnols
y ont fait bâtir un Fort, pour affurer
la Côte en cet endroit là, & tenir en
bride les *Indiens* des environs. Ce
Fort renferme quelques maifons de
bois affés chetives. Il eft defendu
par quatre Baftions, fur lefquels on
a pofé quelques pieces de canon fait
au *Perou* : mais il feroit neceffaire
que ce pofte très important fut
mieux entretenu d'hommes & de
munitions ; quoiqu'on n'ait peut-
être rien à craindre en cet endroit que
de la part des Pirates. A l'égard des
Indiens, il ne faut pas tant d'affaires

F 2   pour

pour les tenir éloignés : mais si les Anglois ou les Hollandois , qui font maintenant la guerre pour ôter à l'*Espagne* son Roi legitime , & lui en substituer un qui soit à leur guise, trouvoient moien, sous ce pretexte, de s'aller établir un jour dans le Golfe de *Darien*, à l'embouchure de la Riviere, & si, en s'alliant avec les *Indiens* des montagnes, qui sont entre l'*Audience de Santa Fé* & celle de *Panama*, ils penetroient à la mer du Sud ; ce Fort & la Baïe ne soutiendroient pas six heures d'assaut. Cette Baïe de *Saint Bonaventure* est pourtant disposée de telle maniere, qu'il seroit aisé de la rendre inaccessible aux ennemis ; & pour garantir la verité de ce que j'avance, on peut lire ce que j'en ai dit dans la seconde partie de cette Relation. Elle a un autre avantage, c'est d'être le port & l'étape de *Cali*, de *Popayan*, de *Santa Fé*, & genéralement des parties Meridionales de *Terra firma*.

Je m'embarquai sur un Vaisseau qui s'en retournoit à *Panama*. Je pris cette route malgré moi, voiant que celle de terre seroit absolument impraticable, & ne trouvant personne qui voulut s'hazarder à la prendre,

dre, à caufe des Païs deferts & des Nations fauvages qu'il falloit traver-fer, avant que d'arriver à *Sainte Marie*, d'où le trajet jufqu'à *Panama* n'eft gueres moins dificile & pe-rilleux. Je m'arrêtai à *Panama* le moins qu'il me fut poffible, de mê-me qu'à *Porto-belo*, d'où je paffai à la *Havana* fur un vaiffeau d'avis: Je fejournai à la *Havana* une partie de l'année 1697.

CHAPITRE X.

Suite de la Defcription de la Province de Popayan. *Des Naturels de l'Ifthme de* Panama *& de leurs Cou-tumes.*

EN général tout ce qui croit au *Mexique* & au *Perou* croit éfec-tivement, ou peut auffi croitre dans le *Popayan*. Je ne fuis point d'avis d'imiter plufieurs Voiageurs, qui, pour trouver quelque chofe de nou-veau, ont inventé des plantes, des animaux, des hommes, des coutu-mes & des Païs, qui ne fe trouvent

nulle

nulle part que dans leur imagination.
La Terre, le Soleil, le Ciel & les
Elemens ne produifent pas toujours
des monftres & des prodiges ; &
quand ils le font, ce n'eft pas à caufe qu'ils agiffent en des Climats
éloignés du nôtre.

On trouve quantité de Cotoniers
dans le *Popayan*. Cet Arbre porte
une Noix pleine de laine, qui en fort
quand elle eft mûre, & dont on ne
fait pas grand cas. Les *Indiens* de
Panama creufent ces arbres par le
moien du feu pour en faire des canots.

Les *Cédres* de ce Païs là font fort
hauts & gros à proportion. Il en
croît beaucoup fur la Côte du *Pérou* & fur celle de *Mexique*. Le bois
en eft rouge, & de bonne odeur:
mais avant la venue des Européans
ils ne fervoient aux *Indiens* qu'à bruler, ou à faire des canots. Pour le
Palmier il eft prefqu'inutile d'en parler, tant il eft connu. Sa tige eft droite
& garnie de piquans. Le cœur
de l'Arbre eft rempli de mouelle, la
côte de la feuïlle eft auffi garnie de piquants, & la feuille eft dentelée. Le
fruit croît entre les racines des
feuilles, en forme de grape de raifin,
Les

Les *Indiens* emploient le bois de cet
Arbre à la ſtructure de leurs Cabanes, ils en font auſſi leurs fléches.
Les femmes en font des navettes
pour leurs toiles de Coton.

Il y a auſſi des *Cocotiers* dans le
Popayan, & des Arbres de *Cacao*
dont le fruit ſert à faire du Choco-
lath.

On y trouve encore des *Plantains*,
de même que vers *Panama*, & au
Mexique. La tige de cet Arbre eſt
couverte de feuilles qui pouſſent les
unes dans les autres juſques au ſommet, où le fruit croit. Ces feuilles
s'écartent du tronc, & forment un
panache tout autour. C'eſt la nou-
riture des *Indiens* qui les plantent
en ſillons. On en fait auſſi de gâte-
aux & des confitures.

Le *Sappota* a ſon fruit petit & d'u-
ne très-belle couleur quand il eſt
meur. On en trouve dans le *Popayan*
& dans le *Perou*, auſſi bien que dans
le *Mexique*.

Le *Sapotillo* y croit auſſi. Cet Arbre
n'eſt pas des plus hauts, il n'a point
de branches au ſommet ; mais on lui
voit une tête comme celle d'un
Chêne. Son fruit eſt agréable, gros

F 4   com-

comme une petite Poire , & couvert
d'une peau affes mince.

Le *Poirier piquant* croît à l'Ifthme
de *Panama.* C'eft un Arbriffeau de
quatre à fix piez de hauteur , dont
les feuilles font épaiffes. Il eft rempli de piquants. La Poire vient à
l'extremité de la feuille.

Pour les *Cannes de Sucre*, elles ne
manquent pas dans les *Indes Occidentales* ; mais les Naturels du *Popayan*
ne s'embaraffent gueres du foin de
les cultiver. Je dirai encore un
mot du *Mancenillo* , dont j'ai parlé
ci devant. Son fruit porte le nom
de *Pomme de Mancenille.* Il a l'o-
deur agréable & l'apparence d'une
belle Pomme ; mais c'eft un poifon,
& fi l'on en mange il tue. Si l'on
mange même de la chair de quelque
animal, qui s'en foit nourri, l'on en eft
empoifonné & l'on a peine d'en revenir. Cet Arbre croît dans les
prairies. Il a le tronc gros & la tête fort
chargée. Le bois peut fervir à des
Ouvrages de marqueterie : mais il
eft dangereux à travailler.

Je regarde comme infiniment utile la
plante d'où l'on tire de la foie, ou plû-
tôt du lin fort delié. Il y en a quantité
dans

dans les Montagnes de *Popayan* & du *Pérou.* La racine de cette plante est pleine de nœuds ; ses feuilles sont comme la lame d'une Epée, de l'épaisseur de la main dans le milieu près de la racine, plus minces vers les bords & vers le haut, où elles se terminent en pointe. Les *Indiens* & nos gens coupent ces feuilles, quand elles sont à une certaine grandeur. Après les avoir sechées au Soleil, on les bat, & l'on en tire du Lin plus fort que celui d'Espagne. Les Indiens en font aussi des cordons pour les Hamacs, des cordages, & des Filets. Nos *Espagnoles* en font des Bas, que l'on estime. Les Mulatres & les Negres en font des dentelles, dont elles se parent pour les grandes Ceremonies.

Les *Tamarins* font bruns & de très bon goût. L'Arbre qui les porte est beau ; il croît dans un terrain sablonneux auprès des Rivieres.

La *Canelle* croit au *Perou* de l'autre côté de *Quito.* La gousse de ce fruit est plus courte que celle de la Féve, mais plus épaisse. Les Côtes & les Rivieres font souvent embarassées d'une espece de cannes ou roseaux, qui rendent souvent le terrain impraticable,

F 5

cable, principalement dans l'Iſtme de
Panama. Il en ſort juſqu'à trente
& quarante tiges d'une ſeule & même
racine, toutes garnies de piquants. Elles viennent beaucoup plus dans un
terrain marécageux, que ſur le bord
des Rivieres.

Il y en a de creuſes qui ſont longues de vingt à trente piez, & de
la groſſeur de la cuiſſe.

Pour les *Mangles*, ils croiſſent dans
l'eau, dans les Iſles & en Terre ferme. Ils ont leurs racines ſi entre-
lacées les unes dans les autres, qu'il
eſt impoſſible de ſe fraier un chemin
à travers. Ces racines s'élevent &
s'uniſſant toutes enſemble vont ſe
rendre en forme d'arcades au tronc
d'un Arbre, qui a deux à trois piez
de Diamétre. L'écorce des *Mangles*, qui croiſſent dans l'eau ſalée,
eſt rouge, & ſert à taner nos cuirs.
Les *Mangles* croiſſent en quantité vers
les montagnes du *Perou* du côté des
Quixos, & en quelques lieux de la Province de *Popayan*: mais ils y ſont plus
petits qu'ailleurs. Les *Indiens* en
font infuſer l'écorce, & en donnent
à boire la tiſanne à leurs malades:
mais je crois qu'ils ont apris ce remede

mede de nos Espagnols du *Perou.*
On trouve par toute l'*Amerique*
Meridionale deux fortes de *Poivre.*
L'un & l'autre croiffent fur un petit
Arbriffeau. Le *Bois rouge* croit auffi
au *Popayan.* J'y ai vû plufieurs des
Arbres, dont on tire ce *Bois rouge,*
qui n'eft pas ce qu'on appelle *Bois de*
Brefil. Ces Arbres font de la grof-
feur de la cuiffe & de 30. ou 40. piez
de haut. Leur écorce eft pleine
d'entaillures, & quand le bois en eft
coupé, il paroit d'un rouge qui
tire vers le jaune. C'eft avec ce bois
& de la terre rouge, que tous les
Indiens de l'*Amerique Meridionale*
teignent le Coton dont ils font des
Branles, des écharpes, des tabliers &c.
Je ne dis rien de la *Caffave,* des *Yu-*
cas, des *Patates* &c. ni du tabac. Mais
il eft bon de dire un mot de la maniere dont les *Indiens* du *Popayan*
fument. Ils s'affeient tous en rond
fur leurs feffes, les jambes étendues
à terre. Le plus jeune de la compagnie prend un rouleau de tabac,
l'allume au bout & faifant le tour
de cette illuftre affemblée foufle fur le
né de chacun la fumée du rouleau
de tabac. Les *Indiens* portent leurs

mains autour du né & le tiennent bien
fermé , pour ne pas perdre cette fumée qu'ils reçoivent avec beaucoup
de gravité & fans dire mot.

A l'égard des Bêtes à quatre pieds,
on y voit une espece de Cochon, qui
a le nombril fur le dos. Si on ne le
coupe pas trois ou quatre heures
après qu'il a été tué , la chair de cet
animal se corrompt & rend une puan-
teur infuportable. Les *Indiens* la fument pour la garder. Ces Animaux
s'atroupent & courent le Païs. Il y a
auffi des *Cerfs* dans les Bois. Les Sauvages les laiffent vivre, & témoignent
un tel refpect pour ces animaux,
qu'ils régardent avec horreur & in-
dignation ceux qui en mangent en
leur prefence. Ils difent que les
cerfs emportent les ames de ceux
qui ont bien vécu. Il ne manque
pas au *Popayan* de *Singes* de plufieurs
fortes : car il y en a de blancs , & de
noirs, de barbus & de non barbus,
de grands & de petits. On en mange,
fi l'on veut, mais les *Indiens* n'en mangent pas, peut être à caufe que ces
animaux ont fouvent de la vermine
dans le corps. Pour les Bêtes de
l'Europe, elles n'y font pas encore
des

des plus communes, quoiqu'on y
voie, deja beaucoup de chiens, de
cochons, de chevres & de brebis;
mais les chevaux & les anes y font
plus rares. Les bœufs y foifonne-
ront bien-tôt, auffi bien que les
mulets.

Les ferpens font affés communs
en ces Païs chauds : mais il n'y en
pas de plus dangereux que celui
qu'on appelle *ferpent fonnette.* On y
trouve des fauterelles, des araignées
& des *Soldats*, qui font beaucoup
meilleurs que les écreviffes. Cet
animal a au gofier une petite bourfe,
où il cache fa provifion, & porte ordinairement la moitié du corps hors
de fa coquille. On en tire une huile,
dont les *Indiens* ont apris l'ufage aux
Europeans. Elle eft excellente pour
guerir les foulures & les contufions.
Enfin on trouve dans le *Popayan* des
Brochets & des Ecreviffes de terre,
des *Iguanas*, des *Armadillas* & des
Pareffeux, des Grenouilles, des Cra-
paux & d'autres Infectes.

Pour les Oifeaux, je ne m'atta-
cherai pas à décrire ceux que nous
avons porté d'Efpagne aux *Indes Occidentales.* Il y en a affes de particuliers

liers à cette partie du Monde. Voici ceux que l'on trouve communement dans le *Popayan* & aux environs. Le *Chicali.* Cet oiseau est assés gros; il a la queûe d'un Coq, son plumage est pennaché de diverses couleurs vives. Les *Indiens* se font des ornemens des plumes qu'il a sur le dos. Il vole sur les Arbres, & s'y tient presque toûjours. On ne le voit que fort peu à terre. Il vit de fruit; sa chair est grossiere, mais d'assez bon goût.

Le *Quam* est un gros Oiseau qui vit pareillement de fruits. Il a les aîles brunes, la queuë courte, ramassée & droite. Sa chair a beaucoup meilleur goût que celle du *Chicali..*

Le *Carassou* est noir, & de la grosseur d'une Poule; mais la femelle de cet oiseau n'est pas si noire que le mâle. Le *Carassou* a sur la tête un pennache de plumes jaunes. Il se tient sur les Arbres, & se nourrit de fruits. Son chant est fort charmant pour les *Indiens*, qui n'ont pas l'oreille delicate. Sa chair est un peu coriace, mais d'ailleurs d'assés bon goût.

Les *Perroquets* sont bleus, verds, jaunes, rouges, gris &c. Il y en a une infinité & la chair en est bonne manger.

Les

Les *Perruches*, autre espece de perroquet, sont vertes ordinairement. Elles volent toûjours en troupes. Les *Chauve-souris* du *Popayan* & de *Panama* sont plus grosses que les Pigeons, & leurs ailes sont longues & larges. Du reste elles ne diferent pas des nôtres.

Il y a en divers endroits de l'Isthme des Guêpes, des Cerfs volans, & plusieurs sortes de Mouches; sur tout de celles qui luisent la nuit, comme les Vers luisans, dont on voit quantité à l'Ile *Espagnole* & à la *Havana.* Lorsqu'il y en a dans un Bois-taillis, on croit y voir briller autant d'étinceles de feu.

On y trouve aussi des *Abeilles*, & par conséquent du miel & de la cire. Il y a deux sortes d'abeilles, les unes petites & rougeatres, les autres déliées & noires. Elles font leurs ruches au haut ou dans le creux des Arbres. Les *Indiens*, qui aiment beaucoup le miel, mettent tout en usage pour l'avoir, jusqu'à bruler les Arbres, quand ils ne peuvent avoir autrement les ruches.

Il y a des *Fourmis* ailées font grosses. Elles élevent la terre sur leurs trous, de-même que les nôtres & piquent

piquent comme il faut ceux qui les inquiettent. Elles font fort incommodes; fur tout lorfqu'elles entrent dans les Maifons, ce qui arrive fouvent. On en voit une quantité prodigieufe à l'Ifthme de *Panama*, & il eft impoffible de dormir en repos dans les endroits où il y en a. Les *Indiens* prennent garde de ne pas attacher leurs *Hamacs* aux Arbres qui font près des Fourmillieres; car ces animaux ne manqueroient pas de les inquieter toute la nuit.

A l'égard des poiffons, on en trouve de très bons dans les Rivieres. Les *Indiens* les prennent de plufieurs manieres. Ils les pêchent comme nous avec des filets. Ils en prennent auffi à la nage & avec la main. En plufieurs endroits ils les tuent dans l'eau à coups de fléches.

Les Efpagnols ont extrémement diminué par les mauvais traitements le nombre des *Indiens* qui habitoient autrefois l'Ifthme de *Panama*. Ce qu'il en refte n'eft pas à beaucoup près auffi confiderable que dans les premiers tems de nos Conquêtes, excepté du côte du Nord, & près de quelques Rivieres. Ceux-cy font
ene-

enemis jurés du nom Espagnol, &
n'ont jamais perdu l'occasion de fa-
voriser à notre préjudice les Flibustiers & les Pirates ; non par amour
pour ceux ci, mais pour avoir le
plaisir de faire aux Espagnols du pis
qu'ils pourroient. Ceux du Sud,
vers le *Perou* & le *Popayan*, ne nous
haïssent pas moins, & n'en aiment
pas davantage les autres Européans.
Cependant il faut espérer que les Missionnaires & un traitement plus doux
les rendront un jour plus traitables
qu'ils ne le font maintenant : bien que
je ne croie pas qu'ils aiment jamais veritablement ceux qui viennent d'Europe, quels qu'ils puissent être,
& quand même ils seroient doux &
afables ; parce qu'il arrive, disent-
ils, que ceux qui sont des agneaux
deviennent avec le tems des tigres.
Ils l'ont experimenté souvent, quand
ils se sont jettés entre les bras de
Flibustiers François & Anglois, qui
aiant tiré d'eux tout ce qu'ils ont
pû les ont maltraité ensuite. Ils disent
encore ordinairement entr'eux, qu'il
n'y a pas lieu de se fier à des gens qui vien-
nent de si loin pour avoir de l'or, &
que ceux qui en sont si afamés ne

fauroient être gens de bonne foi. Ils font là
deſſus & fur le genie des Européans
une infinité de raiſonnemens, dont
on pouroit faire un livre entier, ſi
l'on vouloit s'en donner la peine.

Tous ces *Indiens*, tant du *Popayan*
que de l'Iſthme, font fort bien tour-
nés. Ils ont la taille droite, la jam-
be & les bras bienfaits, la poitrine
large & les os fort gros. Je n'en ai
pas vû trois qui fuſſent d'une taille
contrefaite. Ils font bons coureurs
& tres actifs. Pour les femmes, elles
font plus petites que le hommes ,
mais agreables & vives, & com-
prennent facilement. Tant qu'elles
font jeunes , elles ont de l'embon-
point, & la taille aſſés bien faite: mais
étant agées, leur peau devient ſi lâ-
che & ſi rude, & leur taille ſi engon-
cée & ſi épaiſſe, qu'on a peine à les
ſoufrir. Cependant elles conſervent
toujours leur vivacité. Tous ces *Indiens* ont ordinairement le viſage
rond, le né gros, les yeux grans
& pleins de feu, le front haut, la
bouche grande, les levres petites&
les dens blanches & faines. Ils ont
les cheveux longs, noirs & rudes.
Les femmes les treſſent ou les attachent

chent avec un cordon. Mais en général ils n'ont point d'autre peigne que leurs doits : quoi que voiant l'ufage que nous en faifons , ils commencent à fe fervir de peignes comme nous: & c'eft même une des marchandifes, qu'ils prennent le plus volontiers en troq , & fur laquelle on gagne beaucoup.

Ils ont beaucoup moins de cheveux que les Européans, ce que j'attribue au Climat, qui defféche l'humidité, qui eft la fource des cheveux & du poil. Il y a des occafions folemnelles dans lefquelles ils fe coupent les cheveux , mais je n'en fais pas la raifon au jufte. Au *Popayan* les *Guerriers* les coupent après avoir tué quelqu'un de leurs ennemis, & à la Nouvelle Lune. Ils aiment fort à les avoir gras & luifans ; car c'eft chez eux une grande beauté : aufli prennent ils la peine d'y effuier leurs doits gras. Ils s'oignent de même le corps & le peignent de plufieurs couleurs : mais ordinairement ils fe frotent avec de la teinture de *Rocou*. Ils naiffent blancs, ou du moins d'une couleur beaucoup plus claire qu'ils ne font dans la

fui-

suite des années. Je crois qu'ils ne
deviennent de couleur de cuivre &
bazanés, qu'à force de se hâler au Soleil. On assure même qu'il y a dans
l'Isthme un ordre particulier d'*Indiens*
blancs comme du lait, & que ceux-
cy sont meprisés des autres *Indiens*, qui
regardent comme un défaut considerable cette blancheur eblouïssante.
Les *Indiens* en disent plusieurs choses merveilleuses, comme par exemple, qu'ils ne voient, ne sortent &
n'agissent qu'au clair de la Lune; que
le jour ils sont insensibles; & qu'ils
dorment jusqu'à la huit &c.

Le bleu, le rouge & le jaune sont
les couleurs favorites des ces *Indiens*.
Quand elles viennent à s'efacer de
dessus leur corps, ils ont soin de les
renouveller aussi-tôt. Pour mieux
imprimer ces couleurs, après avoir
tracé une figure sur l'endroit du
corps qu'ils veulent peindre, ils le
piquent avec des épines ou des ar-
rêtes de poisson fort fines & le frot-
tent ensuite avec la main, qui est
teinte de la couleur qui leur plait
le plus.

Les enfans vont nuds, les femmes,
ainsi que je l'ai déja dit, ont une
es-

espece de tablier qui descend à demi cuisse devant & derriere. Les hommes n'y sont pas tout à fait tant de façon : ils couvrent leur corps, d'une espece de chemise, quand il leur en prend envie; mais ils cachent en général avec quelque soin ce qui doit être caché aux yeux.

Les Maisons de ces *Indiens* sont ordinairement dispersées, sans ordre & sans arrangement aux bords des Rivieres & des Lacs; car ils choisissent l'eau autant qu'ils peuvent. Ils se logent aussi à l'entrée des Bois & dans les Montagnes. Il y a quelques unes de ces Maisons qui sont longues & étroites, comme des boiaux, mais elles n'ont toutes qu'un étage. Le Conseil Général se tient dans une maison qui apartient à toute la Communauté, & qui est comme le Fort ou la Citadelle du Village.

Je dois observer une chose à l'égard des femmes de tous les *Indiens*, que j'ai vû; c'est qu'elles sont toujours destinées à faire tous les Ouvrages fatiguans, excepté ceux de la chasse & de la guerre. L'amitié

que

que les maris *Indiens* ont pour elles
n'eſt pas une amitié d'égal à égal, ni de
devoir, mais comme celle d'un Maitre
envers ſon valet & une amitié de ſu-
port. Ils ſupoſent qu'elles ſont faites
pour ſervir, & que tout ce qu'on peut
faire, c'eſt de leur pardonner leurs
fautes. Ils juſtifient ſouvent leur Po-
lygamie en diſant, *que pluſieurs terres
labourées par un ſeul homme lui rendent
bien plus de fruits, que s'il n'en labou-
roit qu'une.* Les vieilles femmes ſont
regardées comme une marchandiſe
de rebut, & ſervent à ce qu'il y a
de plus vil, tant qu'il leur reſte aſſés
de force pour agir. Ainſi ce n'eſt pas
l'amitié qui établit chez eux le mariage, & rarement arrive t'il que le mariage la faſſe naître. Ils trouvent
fort génans les devoirs que la Religion Chrêtienne preſcrit à ce ſujet;
ainſi que je l'ai dejà dit ailleurs.
Quand une femme eſt accouchée, une
commere prend la femme & ſon enfant nouveau né, les plonge dans
la Riviere, ſans que la mere ni l'enfant en ſoient incommodés le moins
du monde. L'enfant n'a pour cou-
ches & pour langes qu'une piece de
bois ſur laquelle on l'attache les premiers

miers mois de sa vie. Dans la suite les peres élevent les garcons aux exercices de la chasse, de la guerre &c. & les meres élevent les filles aux occupations des femmes. Les garçons & les filles vont tout à fait nuds, jusqu'à ce qu'ils commencent d'être en age de faire l'amour. Alors ils couvrent leur nudité, & même c'est un usage parmi ces *Indiens*, que les filles nubiles ne paroissent plus en public sans un voile sur le visage. Du moins arrive t'il rarement qu'elles en usent autrement. Mais la retraite & le voile ne captivent pas long tems ces Beautés sauvages; car on les met de bonne heure sous la puissance d'un mari. Tous ces *Indiens* de l'*Amerique* sont grands partisans de la nature, & croient qu'il ne faut pas la laisser oisive : Aussi en fait d'amour, ni les filles ni les garçons n'y soupirent pas long tems, & ne songent point du tout à faire des réflexions qui les empêchent de se satisfaire. J'attribue à la promtitude avec laquelle les jeunes gens se marient, & à la facilité qu'on trouve à se joindre, la rareté des adulteres parmi les Sauvages. On pretend qu'ils châtient

se-

feverement, celui qui viole une vierge. Pour les mariages, ils n'y font
pas beaucoup de façon. Toute la
recherche, & toute la galanterie confifte de part & d'autre à fe demander ; car il eft au moins permis à
la fille, d'infinuer qu'elle voudroit
bien d'un tel; au lieu que parmi nous
la regle de la bienfeance veut qu'une
fille ne faffe aucune declaration. A-
près s'être demandé & accordé, on
fe marie d'abord, & tous ceux qui
font invités à la Ceremonie des Noces
aportent chacun un prefent. Ces prefens font des haches & des couteaux
de pierre, du maïz, des œufs, des
fruits, de la volaille, des hamacs, du
coton &c. Ils laiffent leurs préfens
en ordre à l'entrée de leurs cabanes, &
fe retirent enfuite jufqu'à ce que la
Ceremonie de faire les préfens foit a-
chevée. Après cela on fonge à ce-
lebrer la nôce. En voici la Ceremonie. Celui qui fe marie prefente à
la porte de la cabane à chacun des
Convives une calebaffe pleine de *Chicali*, qui eft la boiffon ordinaire de
ces *Indiens*. Tous ceux qui font de
la noce boivent ainfi à la porte, même les petits enfans : après quoi les
Pe-

Peres des nouveaux Mariés entrent
auffi, menant chacun leur fils & leur
fille. Le Pere du garçon fait fa Ha-
rangue à l'affembleé, tenant dans la
main droite l'arc & une fléche, dont il
préfente la pointe. Enfuite il danfe
& fait diverfes poftures bifarres, qui
ne finiffent pas qu'il ne foit accablé
de fatigue & de fueur. La danfe a-
chevée le pere du garçon fe met
à genoux & prefente fon fils à
la fiancée, dont le pere auffi à genoux tient fa fille par la main. Mais
avant que de fe mettre ainfi à genoux
le Pere de la fille danfe à fon tour &
fait les mêmes poftures que le premier. A peine a t'il achevé que les
hommes de la fuite des mariés courent tous en fautant & en danfant,
la hache à la main, pour abatre les
arbres, qui occupent le terrain où
fe doit faire la plantation de ces
nouveaux mariés, & à mefure que
les hommes défrichent la terre, les
femmes & les filles fément le grain. La
boiffon ne s'épargne pas en cette occafion, & ils y boivent ordinairement
jufqu'à ce qu'ils n'en puiffent plus, ou
du moins jufqu'à ce qu'ils n'aient plus
rien à boire. Ils ne perdent aucune

occasion de boire & de se divertir à
leur maniere. Les principales sont,
outre les noces, la tenue du Conseil,
la défaite de leurs ennemis, ou lorsqu'ils vont les attaquer ; les parties
de chasse, le retour des traites, qu'ils
font quelquefois à cinq ou six cens
lieuës de leurs demeures.

Ils dansent au son d'une espece de
flute, ou de tuiau qui forme un son
lugubre & desagréable. C'est à leurs
Dévins ou Sorciers seuls qu'il apartient d'en jouer. Les spectateurs &
ceux qui dansent repondent au son
de cet instrument en bourdonnant
d'une maniere qui leur plait beaucoup, mais qui choqueroit fort nos
oreilles. Quand ils dansent, ils font
un cercle de cinquante, soixante &
plus, en s'apuiant sur les épaules les
uns des autres. A chaque tour il s'en
détache un qui entre dans le cercle,
fait diverses cabrioles & saute de plusieurs manieres.

Ce qu'il y a de particulier en tout
cela est, que quand ils suent le plus
c'est alors qu'ils se jettent le plus volontiers dans l'eau, pour se laver & se
rafraichir. Les femmes en usent de
même à l'égard de leurs maris,
quand

quand ils ont trop bû. Elles les arrofent d'eau à plufieurs reprifes,
pour les faire revenir de leur yvref-
fe.

CHAPITRE XI.

Depart de la Havana , *arrivée à* Cadix. *L'Auteur paffe à* Lisbone, *&
de là en* Angleterre *& en* Hollande.

NOus partimes de la *Havana* au
commencement du mois d'Aouft
1697. & arrivames à *Cadix* à la fin
du mois de Septembre. La charge de
la Flote n'étoit pas la moindre qui fut
venue de l'*Amerique*, & la patache,
fur laquelle j'étois arrivé de la *Havana*, portoit en particulier pour S.
M. près de quatre cent mille *pefos*,
outre quantité d'argent, de tabac, de
cochenille, de cuirs, de vanilles &c.
dont elle étoit chargée pour le compte des particuliers. Nous aprimes
à notre arrivée, que la paix étoit
prête à fe faire, au grand contente-
ment des Peuples, qui paroiffoient
tous fôrt las de la guerre ; & nous
G 2   en

en aprimes a conclusion peu de tems
après. Je ne sejournai pas long tems
à *Cadix*, où je n'avois rien à faire
& je me rendis à *Carthagene*, pour y
chercher mes premieres habitudes :
car pour le coup je disois un éternel
adieu à l'*Amerique*, & à tous les Païs
lointains, ne me trouvant plus d'a-
ge, ni d'humeur à courir le Monde, & pouvant vivre tout doucement de ce que j'avois. Mais la Re-
volution de l'*Espagne*, par l'avenement
d'un Prince François à la Couronne de
la Monarchie, m'obligea de passer en
Angleterre & en *Hollande*, pour disposer,
avant la nouvelle guerre, de divers
éfets que j'avois entre les mains des
Négocians de ces deux Etats. Je
passai à *Londres* en 1700. d'où j'allai
deux fois en *Hollande*, après quoi je
restai encore en *Angleterre* jusqu'à
la fin de l'année 1706. d'où me voici heureusement de retour chez moi,
graces à Dieu, ce 23. Fevrier 1707.
& j'espere d'achever d'y vivre &
d'y mourir en bon Chrétien dans la
Communion de l'Eglise nôtre sainte
Mere, en la crainte de Dieu & de Jesus-
Christ mon Sauveur, duquel j'im-
plore la misericorde, & sous le Gou-
ver-

vernement de mon Souverain Seigneur & Roi legitime *Don Philipe*,
cinquieme du nom. Je prie Dieu
qu'il le faſſe proſperer, & qu'il le
maintienne ſur le throne, malgré
les éforts de ceux qui ſe ſont ligués
contre lui, pour lui enlever ſa Couronne.

Quoique j'aie été témoin oculaire,
en *Angleterre* & en *Hollande*, de la
fureur de ces deux Etats contre notre Roi, & que j'aie vû leur orgueil
inſupportable, à cauſe de la proſ-
perité qu'il a plû à Dieu, & qu'il lui
plait encore de leur accorder; je dois
pourtant leur rendre juſtice. J'ai a-
quis de grandes lumieres chez eux,
mais principalement chez les *Anglois*,
où l'on trouve des gens d'un merite
& d'une capacité extraordinaires dans
les arts & dans les ſciences. On trouve auſſi en *Hollande*, des gens d'une
grande capacité, mais en général il
s'en faut de beaucoup qu'ils n'éga-
lent les premiers. Les Hollandois ont
peu de delicateſſe, & une groſſiereté
naturelle dans leur maniere de pen-
ſer & d'agir. Ils n'ont de veritable
talent que pour le Commerce. Quelque ſoin qu'ils prennent d'imiter la

G 3 po-

politeſſe des autres Peuples , ils ont
beaucoup de peine à reuſſir , & ils gâ-
tent ce qu'ils imitent. Je n'ai jamais
vû de railleurs plus groſſiers , ni de
plaiſans plus inſuportables. Leur a-
bord froid & bruſque choque auſſi-
tôt les étrangers , qui ne s'accoutument jamais avec eux. A l'égard
de l'interêt dont on les accuſe , je
leur fais volontiers grace, parce qu'ils
habitent un Païs dur & ingrat, où
l'on ne peut ſubſiſter un ſeul moment ſans gagner. Je n'ai pas trouve de Sauvages plus groſſiers dans
l'*Amerique* que les habitans des petites
Iles de la *Hollande* , ni qui aient de
manieres plus deſagreables & plus
rudes.

R E-

RELATION

DE LA

GUIANE,

Du Lac de Parimé, & des Provinces d'Emeria, d'Arromaia & d'Amapaia decouvertes par le Chevalier WALTER RALEIGH. Traduite de l'Original Anglois.

RELATION

DE LA

GUIÁNE,

Du Lac de Parimé, & des Provinces d'Emeria, d'Arromaia & d'Amapaia, decouvertes par le Chevalier WALTER RALEIGH.

NOus fortimes des ports d'*Angleterre* le 6. Fevrier 1595. & le 9. nous nous trouvames à la vüe des Côtes d'*Espagne*. Le 17. nous arrivames à *Fuerta ventura* l'une des *Canaries*, où nous nous rafraichimes d'eau, de bois & de vivres, & nous y arrétames pendant trois ou quatre jours. Nous fillames enfuite vers la *Grande Canarie* & de là à *Teneriffa*, où nous attendimes le Capitaine *Preston* & fon Vaiffeau, avec lequel nous devions faire route de conferve: mais après l'avoir attendu en vain fept ou huit jours, nous refolumes de faire voile vers la *Trinedado*. Nous n'avions pour compagnie qu'une Barque commandée par le Capitaine *Croffes*; aiant perdu

G 5   de

de vûe à la hauteur des Côtes d'*E-spagne* une Fregate de *Pleymouth*, qui devoit faire le voiage avec nous.

Le 23. *Mars*, nous arrivames à la *Trinedado* ou la *Trinité*, & jettames l'ancre à la pointe de *Curiapan*; c'est ce que les Espagnols ont apellé *Pun-ta de Gallo*. Cette Pointe est à 8. De-grez de hauteur. Nous nous y ar-restames quatre ou cinq jours, sans pouvoir entrer dans la moindre liai-son avec les *Espagnols* & les *Indiens*. Nous vimes bien des feux sur la Cô-te, en sillant de *Carao* à *Punta de Gallo*; mais les *Indiens* n'oserent ja-mais venir à nous, tant ils craignoient les Espagnols. Pour moi, malgré cela, je me fis mener à terre, pour mieux reconnoître cette Ile : mais au bout de quelques jours voiant qu'il n'y avoit rien à faire là, nous fimes route au Nord-Est de *Curia-pan*, pour gagner la hauteur de *Puer-to de los Hispaniolos*, que les *Indiens* nommoient autrefois *Concorobia* : mais auparavant je fis mon possible pour avoir quelque entretien avec les Na-turels du Païs, & pour reconnoître

les

les Rivieres & les havres de cette Terre.

De *Curiapan* nous allames à un endroit que les *Indiens* nomment *Parico.* Nous y trouvames de fort bonne eau, mais point de monde. De là
nous allames à un lieu nommé *Piche.*
Les *Espagnols* l'appellent *Tierra de
Bray.* Nous y trouvames plusieurs
petits ruisseaux d'eau douce & une
eau salée ou somache, qui nous
parut une Riviere. Nous vimes des
huitres sur les branches des Arbres
qui bordent cette eau. Il y en avoit
en quantité, & nous n'eumes pas la
peine de les saler, car elles sont naturellement salées & de fort bon gout.
Toutes les huitres de cette Ile se
cueillent, pour ainsi dire, sur des
arbres de certaine espece. On ne les
prend pas à terre, comme on fait
ailleurs, & ce n'est pas en ce seul
endroit des *Indes Occidentales,* que les
huitres montent ainsi le long des Arbres. Thevet a donné dans la *France
Antarctique* la Description des Arbres
auxquels les huitres s'attachent. On
en trouve aussi dans la *Guiane.*

On trouve à *Tierra de Bray* une
sorte de gaudron excellent. Nous
G 6 en

en fimes l'essay & vimes par experience qu'il est incomparablement meilleur que celui qu'on tire du Nord: car il ne se fond pas au Soleil, & par consequent il ne peut qu'être fort utile pour les vaisseaux que l'on envoie dans les Païs Méridionaux. De-là nous allames à *Anna-Perima* & passames *Rio-Carone.*

La *Trinedado* est faite comme la houlette d'un Berger: Le Nord de l'Ile est un Païs élevé. Le terroir est fort bon, propre à des Plantations de Sucre, de gingembre, de tabac &c. Il y a diverses sortes d'Animaux, beaucoup de cochons sauvages, de poissons, d'oiseaux, quantité de fruits. Il y a du Maïz & de la cassave, des racines ordinaires & généralement tout ce que les *Indes Occidentales* produisent. Des Espagnols m'ont avoué qu'il se trouve de l'or dans les Rivieres de cette Ile; mais c'est peu de chose en comparaison du Continent, qui est le Magazin de leurs richesses. Les Habitans appelloient cette Ile *Cairi*: mais les Insulaires des diferens lieux avoient tous un nom diferent. Ceux de *Parico* s'appelloient *Jaios,* ceux de *Punto-Carao Arvacas,*

Arvacas, ceux d'entre *Carao* & *Cariadan*, *Salvojos*, ceux d'entre *Carao* & *Panta-Galera*, *Nepojos* &c.

Lorsque nous fumes defcendus à terre près de *Puerto de los Hifpaniolos*, nous trouvames une troupe d'*Efpagnols* qui faifoient garde fur la Côte. Ils nous inviterent d'aprocher & nous firent divers fignes d'amitié. J'envoiai le Capitaine *Widdon* pour leur parler. Il fembloit que cette Nation vouloit entrer en Commerce avec nous & nous traiter veritablement en amis, mais je crois qu'on n'en ufoit ainfi qu'à caufe qu'on fe défioit de fes propres forces & non par une veritable amitié. Le même jour fur le foir deux *Indiens* fe mirent dans un petit Canot & fe deroberent des *Efpagnols* pour fe rendre à nous. L'un de ces *Indiens* étoit un *Cacique* de l'Ile, nommé *Cantiman*. Il nous inftruifit du nombre & des forces des *Efpagnols*, & de la diftance de la Ville ou Colonie de l'Ile.

Pendant que nous étions à *Puerto de los Hifpaniolos*, quelques uns d'entr'eux nous vinrent trouver, pour nous achepter de la toile & diverfes autres chofes dont ils avoient be-

G 7 foin:

foin : mais ils avòient plus d'envie
de reconnoître nos forces & d'examiner nos vaiſſeaux , que de faire
quelque trafiq. Nous les traitames
du mieux qu'il nous fut poſſible, &
je tachai ſur tout de prendre connoiſſance par leur moien de la Terre
Ferme du voiſinage, principalement
de la *Guiane*. Je crois qu'ils nous a-
prirent à peu près tout ce qu'ils en
pouvoient ſavoir ; parce que je fis
boire un peu cette ſoldateſque, qui
n'avoit point bû de vin depuis fort
longtems , & qui s'en donna pour
lors au cœur joie. Ce fut au millieu
de cette joie, qu'ils nous firent valoir la *Guiane* & ſes richeſſes , & qu'ils
nous en dirent la route , par où il
falloit paſſer &c. Pour moi je diſ-
ſimulai mes vües & ne fis pas le moindre ſemblant d'avoir envie d'aller
de ce côté là. Je leur fis même entendre que je n'avois touché à la
Trinité, que pour prendre des rafraichiſſemens pour la Colonie *An-*
gloiſe que j'avois laiſſée à la *Virgi-*
nie.

Deux raiſons m'engagerent à faire à la *Trinité* plus de ſejour qu'il ne
ſembloit neceſſaire. Premierement
je

je voulois me venger de *Don Antonio Berreo*, qui l'année d'auparavant avoit enlevé, contre la bonne foi donnée, huit hommes au Capitaine *Whiddon*; & d'ailleurs je tirois de l'avantage de mon fejour, en ce que je m'inftruifois mieux fur l'état de la *Guiane*; que je prenois connoiffance des Côtes, des Rivieres & des chemins de cette grande Province; que je decouvrois ce qui en avoit fait manquer la Conquête à *Don Antonio Berreo* & que j'aprenois comment il fe propofoit de renouveller fon deffein. Cependant un autre *Cacique* des parties Septentrionales de l'Ile m'aprit que *Berreo* faifoit lever des foldats à la *Marguerite* & à *Cumana*, pour nous fuprendre, s'il étoit poffible. Il avoit même defendu fous peine de la vie aux *Indiens*, d'avoir aucun Commerce avec nous, & fait mourir à caufe de cela quatre d'entr'eux, ainfi que je l'apris depuis; ce qui n'empêchoit pas qu'il n'en vint de nuit à notre bord fe plaindre de la cruauté des *Efpagnols*, & fur tout de *Berreo*, qui avoit partagé l'Ile à fa milice, pour en mieux faire le theatre de fa fureur. Ils ajouterent

rent qu'il avoit fait esclaves tous les
vieux *Caciques*, qu'il les tenoit miferablement enchainés tout nuds,
& faifoit dégouter de tems en tems
du lard bouillant fur ces miferables.
Ce n'étoit pas le feul tourment
qu'il exerçoit fur fes captifs, ainfi
que je l'apris dans la fuite. Après
la prife de *Saint Joseph*, je trouvai
cinq de ces *Caciques* ou Seigneurs
de l'Ile prefque morts de faim dans
les chaines, & dans les tourmens.
Tout cela me détermina à me jetter
à la faveur de la nuit fur le Corps
de garde. Je fis prendre les devans
au Capitaine *Calfield*, avec foiffante foldats, & je le fuivis avec quarante. Nous attaquames tous enfemble *Saint Joseph*, & à peine eumes nous tiré quelques coups,
que la Place fe rendit. Nous ren-
dimes la liberté aux habitans &
ne retinmes que *Berreo* & fes gens.
Enfuite nous mimes le feu à *Saint
Joseph* en prefence des *Indiens*.

Le jour de cette expedition *George Gifford* & *Keymis* arriverent avec
leurs vaiffeaux. Nous concertames
tous enfemble notre projet, & j'af-
femblai tous les *Caciques* enemis jurés

rés des *Espagnols* ; (car il y en a-
voit d'autres, qui par haine pour
les Infulaires, ou parce qu'il étoient
en guerre entr'eux avoient introduit *Berreo* dans l'Ile.) Je leur dis
par mon interprête *Indien*, que j'é-
tois ferviteur d'une Reine tres puiſ-
fante dans le Nord, & que cette Reine
avoit plus de *Caciques* fous fa Domination qu'on ne voioit d'Arbres
dans leur Ile. ,, Cette Princeſſe,
,, ajoutai-je, eſt ennemie des *Eſpa-*
,, *gnols*, à cauſe de leur tyrannie.
,, Elle en a delivré tous les Peu-
,, ples fes voifins, & afranchi de leur
,, joug les parties Septentrionales du
,, Monde. S. M. m'a envoié pour
,, vous délivrer de ce joug, & pour
,, defendre votre Patrie & la *Guiane*
,, contre leur uſurpation. ‶ Après
cela je leur prefentai le portrait de
la Reine d'*Angleterre* (Elizabeth)
Ils l'admirerent & le baiferent. J'eus
même beaucoup de peine à les empêcher d'en venir à l'adoration. J'em-
ploiai dans la fuite de mon expedition un pareil moien pour établir
la renommée de S. Majeſté chez les
Peuples que je traverſai pour aller à la
Guiane, & j'y reuſſis ſi bien, qu'ils

la

la connoiſſent encore aujourd'hui
ſous le nom d'*Ezrabeta Caſſipuna A-*
quererwuna. Cela veut dire, *Elizabeth*
Cacique ſouveraine, Chef très puiſſant.

Après cela nous quittames *Puerto*
de los Hiſpaniolos & retournames à
Curiapan avec *Berreo.* notre priſonnier, que je queſtionnai ſur la *Gui-*
ane. Il me dit ce qu'il en ſavoit, où
du moins en fit le ſemblant. Ce
Don Antonio de Berreo étoit un Gentil homme de bonne Maïſon , qui a-
voit ſervi long tems ſon Roi à *Naples,*
à *Milan* & dans les *Païs-Bas* &c. A
ſa crüauté près , il me paroiſſoit
homme de merite & de valeur , fi-
delle à ſon Prince , courageux &
bon ſujet. J'en uſai honêtement à
ſon égard & le traitai en Gentil homme.

J'avois envoié l'année d'auparavant le Captaine *Whiddon* pour prendre connoiſſance de la *Guiane* & me
preparer ainſi le chemin de la découverte, puiſque c'étoit là l'unique but
de mon expedition : mais il ſe trouva
que les informations données pour
lors étoient infiniment diferentes de
la verité. Il s'en faut de ſix cent
milles d'*Angleterre* que ce Païs ne
ſoit

foit auffi voifin de la mer qu'on me l'avoit dit alors, & c'eft ce que D. *Berreo* me confirma. Cela m'obligea de cacher mon entreprife à mes gens, parce que la dificulté auroit pû les dégouter. Le rétardement du Capitaine *Prefton* nous fit auffi beaucoup de tort. Nous lui avions promis de l'attendre un mois, & il y avoit deja long tems que ce mois étoit expiré. S'il avoit été avec nous, ou fi feulement il étoit arrivé une quinzaine de jours avant le débordement des Rivieres, nous aurions peut-être penetré jufqu'à la fameufe Ville de *Manoa*, ou du moins jufqu'à quelques habitations confiderables du Païs, & nous aurions fait un voïage d'or. Il eft certain qu'il y a infiniment plus de profit à attendre d'un tel voïage, que *Cortez* n'en a eu au *Mexique* & *François Pizarre* au *Perou*, quoique l'un & l'autre aient conquis deux vaftes Etats. Celui donc qui entreprendra la Conquête de la *Guiane* (j'entens fons ce nom tout l'interieur de l'*Amerique* Meridionale fuivant le cours de l'*Orenoque* & de l'*Amazone*) poffedera plus d'or & regnera fur plus de

de Peuples, que ni le Roi d'*Espagne*,
ni l'Empereur des *Turcs*.

Ceci paroit incroiable ; mais je
vais démontrer la verité de ce que
j'avance & faire voir que ces Terres
que nous ne conoissons pas renferment des thresors immenses & nour-
rissent une infinité de Peuples. Les
Princes qui y regnent sont issus des
puissans *Yncas* du *Perou*, si connus &
si renommés dans les Histoires Espagnoles à cause de leur magnificence & de leurs richesses. *Pedro de
Cieca* , *François Lopez* , *Garcilasso de
la Vega* & quelques autres nous
disent des choses presque incroiables
de leur Gouvernement , de leurs
Conquêtes , des merveilleux Bati-
mens qu'ils firent faire , de l'industrie
de leurs Peuples &c. Le dernier de ces
Yncas fut *Atabalipa* fils de *Guainacapac*.
Ils étoient trois freres fils de ce *Guainacapac*. *Atabalipa* perit miserablement
par les mains de *François Pizarre*, après
qu'il eut fait lui même perir son frere
Guascar. Le troisieme échapa des
cruautés de ce Conquerant , & sor-
tit du *Perou* avec une armée de quelques milliers d'hommes qu'il accrut
de quantité d'*Indiens* qu'on appelle
Orc-

Orejones. Il s'établit avec le secours de tous ces *Indiens* dans cette étendue de terres que les deux grans Fleuves des *Amazones* & du *Maragnon* renferment.

Tout cet Etat, que nous appellerons *Guiane*, est à l'Orient du *Perou*, sons la Ligne Equinoctiale, & possede incomparablement plus d'or, que la plus riche Province du *Perou*. On assure même qu'il y a des Villes beaucoup plus florissantes que ne le furent jamais celles du *Perou* dans la plus grande prosperité des *Yncas*; que l'on y suit les Loix & le Gouvernement de ces *Yncas*; que la Religion de cet Etat est l'anciene Religion du *Perou*; qu'il y a enfin mêmes mœurs & mêmes coutumes. Quelques Espagnols m'ont aussi raconté des choses fort merveilleuses de la Ville de *Manoa* connue chez eux sous le nom d'*El Dorado*, & qu'ils disoient avoir vue. Ils assuroient qu'elle surpasse de beaucoup en grandeur & en richesses toutes les Villes que leur Nation a conquise dans le Vieux & dans le Nouveau Monde. Cette Ville est située sur un Lac d'eau salée, qu'on peut apeller

ler une Mer, puifqu'il a deux cent
lieües de longueur. Si tout cela eft
véritable, il ne doit y avoir rien de
comparable à cette Monarchie, qui
nous eft encore inconnue. Mais
quand cet Etat ne furpafferoit pas
le *Perou* par fes richeffes, que ne
feroit il pas, à le regarder comme
égal à ce dernier? Il ne faut, pour
en être convaincu, que lire ce que
Lopez a écrit de la fomptuofité de
Guainacapac. " Tous les Utenfiles
„ de fon Palais, dit *Lopez*, tout ce
„ qui fervoit à la table, ou à la
„ cuifine de ce Prince étoit d'or &
„ d'argent. La moindre vaiffelle
„ étoit d'argent, excepté quelque
„ peu de cuivre. On voioit en or
„ pur dans la grande Sale de fon
„ Palais des ftatues d'une taille gi-
„ gantefque. Toutes fortes d'oifeaux,
„ de bêtes à quatre pieds, d'Ar-
„ bres, & de plantes s'y voioient
„ de même en or, & dans leur gran-
„ deur naturelle. On y voioit en-
„ core des poiffons de même metal,
„ & tels abfolument que les Lacs,
„ les Mers & les Fleuves du *Perou*
„ les produifent. Ce Prince ne fe
„ contenta pas de cela. Il voulut
„ avoir

,, avoir des cofres , & des armoires
,, d'or. La Nature ne produiſoit
,, rien dans ſes Etats qu'il ne fit
,, imiter en or par les orfevres de
,, *Cuſco.* Mais il y avoit dans l'Ile
,, de *Puna* quelque choſe de plus pre-
,, cieux encore. C'étoit un jardin
,, entier d'or & d'argent. Arbres,
,, fleurs & herbes tout en étoit:
,, choſe incroiable & qui ne s'étoit
,, jamais vûe avant cela. *Guaina-*
,, *capac* avoit amaſſé dans *Cuſco*, ou-
,, tre ces threſors immenſes , une
,, quantité prodigieuſe d'or & d'ar-
,, gent qui n'étoit pas mis en œuvre,
,, &c. " Il ajoute dans un autre
endroit de ſon Hiſtoire, que *Fran-*
çois Pizarre fit peſer tout l'or & tout
l'argent d'*Atabalipa* qui tomba entre
ſes mains , & qu'on trouva que l'argent montoit à cinquante deux
mille marcs, & l'or, à un million trois
cent ſix mille cinq cent livres de poids.
Cela paroit incroiable, mais cela ne
l'eſt pourtant pas, ſi l'on conſidere
à combien de millions montent les
richeſſes que les *Eſpagnols* tirent tous
les ans du *Perou* , & qui ſervent au
Roi d'*Eſpagne* à inquietter les autres
Princes de l'*Europe.* C'eſt à ces
richeſſes

richeſſes qu'il doit ſon élevation.
De pauvre petit Roi de *Caſtille* qu'il
étoit autrefois , elles l'ont fait devenir en peu d'années un des plus
grands Potentats de l'Univers. Ces
threſors augmentent tous les jours
ſes forces & nouriſſent ſon ambition,
pendant que les autres Souverains
perdent l'occaſion qu'ils ont preſque en main pour s'enrichir à leur
tour.

Nous reſtames quatre jours à l'*Oro-*
noque & vint jours après nous partimes & laiſſames nos vaiſſeaux à *Curia-*
pan. *Juan Martinez* Maître de l'Ar-
tillerie à *Ordaco* découvrit le premier
Manoa. On voit à la Chancelerie de *St.*
Juan de Puerto-Rico quel ſuccés eut
ſon entrepriſe. *Berreo* en avoit une
copie, qui lui fit eſperer de reuſſir
dans ſes recherches. *Orellane*, qui
entreprit la decouverte de la *Guiane*,
& qui deſcendit le grand Fleuve des
Amazones, ſe flata auſſi de l'eſperance de conquerir *Manoa* , mais il
mourut de maladie , chagrin d'a-
voir manqué ſon entrepriſe, à la
Marguerite, ou aux *Caracas*. Ses
vaiſſeaux furent diſperſés par la tempête & l'entrepriſe échoua.

Diego

Diego d'Ordaca pourfuivit le même deffein, & partit d'*Efpagne* avec fix cent foldats & trente chevaux, qu'il embarqua pour aller faire cette illuftre decouverte : mais à peine fut il arrivé fur les Côtes de la *Guiane*, qu'il fut tué dans une émotion de fes gens. Sa Flote fe diffipa & perit miferablement. A l'égard de *Juan Martinez*, voici comment il penetra fi avant dans le Païs. *Ordaca* aiant ancré devant le havre de *Morequito*, le feu prit à la provifion de poudre, par la négligence, à ce que l'on pretendoit, de *Martinez*, qui en avoit la garde. On le condamna à la mort, mais les foldats qui l'aimoient firent changer la peine de mort en celle d'être abandonné feul dans un canot, à la merci des vens & des flots, fans vivres & avec fes feules armes. Ce canot fut emporté par le courant & trouvé flotant par quelques Sauvages de la *Guiane*, qui n'avoient jamais vû de Chrétiens. Ils promenerent *Martinez* de côté & d'autre, pour le faire voir comme une merveille, & le menerent enfuite à *Manoa*, qui eft la Capitale de l'Empire des *Yncas*. Le Roi, qui le vit, le reconnut d'abord

pour être Chrétien & *Espagnol*; car
il n'y avoit pas encore long-tems
que ses freres *Guascar* & *Atabalipa*
étoient morts, & que *Pizarre* avoit
détruit leur Empire. Il reçut assés
bien *Martinez*, quoiqu'il n'eut pas
oublié ses ressentimens & ce qu'il devoit à la cruauté des *Espagnols*. *Marti-*
nez demeura sept mois à *Manoa*,
mais il ne lui étoit pas permis de
sortir de la Ville, ni d'aller nulle
part sans garde & sans avoir les
yeux couverts : car on avoit la
précaution de les lui couvrir lors
qu'il sortoit. Au bout de sept mois,
Martinez commençant d'entendre
la langue du Païs, le Roi lui donna le choix de s'en retourner dans
sa patrie, ou d'achever sa vie à
Manoa auprès de lui. *Martinez*
préfera de s'en rétourner, & le Roi
le fit escorter par ses gens jusqu'au
Fleuve de l'*Orenoque* vers la Côte
de la *Guiane*, & lui donna quantité
d'or. Lorsqu'il fut arrivé à l'embouchure du Fleuve, les *Indiens* de
la frontiere & les *Orenocoponi* lui enleverent toutes ses richesses, sans
lui en laisser autre chose que deux
bouteilles remplies d'or ; parce qu'ils
cru-

crurent que c'étoit la boisson de
Martinez. Il filla dans un canot
tout le long de l'*Orenoque* vers son
embouchure, & de là jusqu'à la
Trinité, d'où il alla ensuite à *San-
Juan* de *Puerto-Rico.* Il y demeura long
tems & voulut passer ensuite en *Espagne,* mais il mourut à *Puerto-Rico.* Etant
à l'article de la mort & sans esperance
de recouvrer la santé, après avoir
reçu l'Extreme Onction, il se fit
apprter son or & la Relation de ses
Voiages. Il donna l'or à l'Eglise
& ordonna qu'il fut destiné à fonder
des Messes pour le repos de son
ame. *Martinez* fut le premier, qui,
au raport de *Berreo,* découvrit *Manoa,* qu'il surnomma *El Dorado.*

Les Peuples de la *Guiane* aiment
extrémement à boire, & s'eny-
vrent volontiers de leur *Ouicou.* Lors
qu'il y a parmi eux quelque Fête
solemnelle, où le Roi assiste, voici
ce qui se pratique. Ceux qui veulent être admis à faire la débauche
avec lui sont depouillés & se pre-
sentent tout nuds à sa Majesté.
On les oint de baume depuis
les pieds jusqu'à la tête, a-
près

H 2

près cela on leur foufle fur tout le corps avec un tuiau de la poudre d'or. Ils paffent souvent les huit jours tout de fuite à boire. *Martinez* nomma la Ville *El Dorado*, à caufe de la grande quantité d'or qu'il y vit. Leurs Idoles étoient d'or maffif, & même leurs armes.

Pedro d'Orfua Gentilhomme de *Navarre* chercha auffi à pénétrer dans la *Guiane* par le *Perou*. Il s'embarqua fur la Rivière d'*Oja*, qui a fon cours au Sud vers *Quito* & va porter fes eaux dans l'*Amazone*. *Orfua* la fuivit & traverfa le Païs des *Mopeiones*. Cet *Orfua* avoit parmi fes gens un homme de peu de naiffance nommé *Aguirl*. Celui-ci voiant les gens d'*Orfua* confumés de faim, de fatigue & de mifere, & qu'au bout de plufieurs mois on n'avoit encore pû trouver de chemin par l'*Amazone*, excita la rebellion parmi eux, & fe fit chef des rebelles, après avoir fait mourir *Orfua* & tous ceux de fon parti. Ce miferable avoit conçu le projet de s'emparer de la *Guiane* & du *Perou*, & même de toutes les *Indes Occidentales*, dont il vouloit effaier de devenir le Souverain. Avec fept

cens

cens soldats, qui dépendoient entierement de lui, & qui lui promirent
d'attirer beaucoup de monde à son
parti, il se promettoit de s'emparer des
Villes & des forces du *Perou*; mais
il ne pût trouver ni la route de la
Guiane par l'*Amazone*, ni le moien de
s'en retourner au *Perou*. Il fut obligé
de marcher avec ses gens le long du
rivage de ce grand Fleuve, avec beaucoup de peine & de fatigue, jusqu'à la *Marguerite*, qui est au Nord
de *Puerto-tyranno*. Cet endroit a reçu son nom des cruautés d'*Aguiri*,
qui tua là *Don Juan de Villa Andrada*
Gouverneur de la *Marguerite* &
pere de *Don Juan Sarmiento*. Il y
exerça plusieurs autres cruautés,
de même qu'à *Cumana*, à la Côte
de *Caracas* & dans la Province de
Venezuela. Il alla ensuite piller &
saccager *Sainte Marthe*. Son dessein
étoit de passer dans la *Nouvelle Grenade*, d'y traiter de même *Pampeluve*,
Merida, * *Lagerita* &c. & d'envahir ensuite le *Perou*, mais il fut entierement défait dans la *Nouvelle*

H 3 *Gre-*

* *Ou la Grita.*

Grenade, & ne trouvant aucun moien d'échaper, il maſſacra de rage ſes propres enfans, en leur diſant : *Puiſque je n'ai pû vous faire Princes, je ne ſoufrirai pas non plus que vous deveniés les eſclaves des Eſpagnols aprés ma mort, & qu'on vous apelle enfans d'un traitre & d'un tyran.* Telle fut la fin des entrepriſes d'*Orellana*, d'*Ordaus*, de *Martinez*, d'*Orſan* & d'*Aguirl.*

Jeronimo Ortal de *Saragoſſe*, qui tenta le même deſſein par mer avec 130. ſoldats, fut traverſé dans ſon projet par les Courans qu'il y a ſur la Côte de *Paria* qui le portèrent à *Saint Miguel de Neiri.* Don *Pedro* de *Silva* Portugais de la Maiſon de *Silva*, voulut auſſi pénétrer dans le Païs, par le Fleuve des *Amazones*, mais il eut le malheur d'être entièrement défait par les habitans de ces Terres, & tout ſon monde y périe, excepté deux hommes, qui portèrent en *Eſpagne* la nouvelle de leur deſaſtre.

Pedro Hernandez de Serpa débarqua à *Cumana* & prit enſuite par terre la route de l'*Orenoque*, où les *Indiens* de ce quartier là, nommés *Wikiri*, le com-

combatirent, & il n'échapa que dix-
huit Espagnols. Lorsque le Capitaine
Preston prit & pilla *Sant Jagho* de
Leon, il y fit prisonnier un de ces
dix huit qui rechaperent de la défaite
de *Pedro Hernandez de Serpa.* Ce
prisonnier aprit à *Preston* la grande
opinion que ses Compatriotes avoient
des richesses de la *Guiane* & d'*El
Dorado.* Un autre Espagnol nous
raconta que *Berreo*, lorsqu'il revint
des Côtes de la *Guiane*, emporta a-
vec lui quarante plaques d'or pur,
plusieurs armes des habitans de ces
quartier là, qui étoient du même
metal, des plumes travaillées avec
de l'or, & quantité d'autres choses
également rares & curieuses.

Gonzales Ximenes de *Casada*, un de
ceux qui contribuerent le plus à la
Conquête de la *Nouvelle Grenade*,
chercha à penetrer dans ces terres,
par la Riviere * *Pampamena* près de
Quito dans le *Perou*, & qui court deux
cens lieües au Sud-Est, jusqu'à ce
qu'elle se jette dans l'*Amazone.* Mais
après avoir fait de grans fraix & pris
H 4 une

* Ou *Puimano*, qui se jette dans l'*Aguarica.*

une peine extreme pour reüſſir dans la découverte, il falut s'en retourner ſans rien faire. Ce *Gouzales de Caſada* donnant ſa fille en mariage à *Berreo* lui fit promettre par ſerment, qu'il pourſuivroit juſqu'au dernier moment de ſa vie le projet de découvrir & conquerir la *Guiane*, & *Berreo* m'a juré que cette entrepriſe lui coutoit au moins trois cent mille ducats d'or, ſans qu'il lui eut été poſſible de penetrer auſſi avant que moi, qui n'avois qu'une poignée de monde. *Berreo* chercha la Riviere de *Caſſanar*, qui ſe jette dans celle de *Pato, Pato* ſe jette dans *Meta* & *Meta* dans *Baraquan* connuë ſous le nom d'*Oronocco*. Il courut plus de quinſe-cent de nos miles ſans trouver aucun paſſage, ou ſans pouvoir y penetrer.

Berreo prit ſa route par le Nouveau Roiaume de *Grenade* où les biens de ſa femme étoient. Il avoit à ſa ſuite ſept cent chevaux, & beaucoup d'eſclaves *Indiens* des deux ſexes. Sa Majeſté verra dans la Carte de ces Païs, à laquelle je travaille, le cours des Rivieres, qui ſont fort entrelaſſées les unes dans les autres; la route de *Don Gonzalez de*
Ca-

Casada; la miene & celle de *Berreo*
&c. Elle y verra le gisement des
Côtes. Les *François* ont aussi cher-
ché à découvrir ces Terres, mais
il n'y a rien à craindre de leur part,
parce qu'ils ne prennent pas la bonne route. (*Cependant il n'y a pas de
Nation plus en état que les François
de penetrer dans la Guiane, à cause de
l'Ile de Caiene & du Cap de Nord
où ils se sont établis. Les Hollandois
ont la même facilité par les établisse-
mens d'Esquibe & de Surinam.*) On
m'a assuré, avant mon départ d'*Angleterre*, que l'Amiral *Villers* se pre-
paroit à aller à la Riviere des *Amazones*, où les *François* vont souvent
faire des voiages pour avoir de l'or,
& j'ai parlé moi même à un Capitaine *François*, qui en venoit. Il est
bien sûr qu'on ne sauroit découvrir
la *Guiane* de ce côté là, mais cependant il vient beaucoup d'or des Rivieres d'enhaut qui courent au Sud
& au Sud-Est & se jettent dans l'*A-
mazone.*

Les *Indiens* de la *Trinité*, & ceux
de la *Dominique* ont aussi beaucoup
d'or, que les uns & les autres tirent
de la *Guiane*, ainsi que ceux de *Paria*,

ria, de *Tarcaris*, de *Chochi*, les *Apo- tomoi*, les *Cumanogotos*, tous ceux de *Venezuela*, de *Manicapana*, les *Caribes* de *Guanipa*, les *Assawaies*, les *Coacas* &c. Tous ces Peuples portent des plaques & des colliers d'or, dont la source est dans la *Gui- ane*; & si ceux qui trafiquent à l'*A- mazone* en reviennent toujours avec beaucoup d'or, ce n'est qu'à cause que les *Indiens* de ce Fleuve le tirent de l'interieur des Terres qui sont au dessus du Fleuve, & s'étendent au de là des Côtes de l'*Amerique*, qui sont vis à vis de la *Trinité*. C'est cette étendue de Païs que nous ap- pellons *Guiane*, ainsi que je l'ai déja dit.

A propos de l'*Amazone*, je me suis informé dans mes Voiages, à ceux qui ont reconnu avant moi les ter- res & les Rivieres qu'il y a entre l'*Oronoco* & l'*Amazone*, si tout ce qu'on disoit des prétendues femmes guerrieres, qui habitent de ce côté là, étoit veritable. Voici le raport que m'en a fait un *Cacique*. Ces femmes habitent au Sud de la Ri- viere dans la Province de *Topango*. Leurs principales forces sont dans des

des Iles., à foiſſante liettes de l'embouchure. Ces femmes ne viennent
viſiter leurs maris qu'une fois l'année & pendant un mois. (*Il y a
grande aparence que le* Cacique *vouloit en faire accroire à l'Auteur, puiſqu'aucune autre Relation ne parle de
ces prétendues* Amazones. *D'autre
côté on peut regarder comme de vraies*
Amazones *toutes les femmes de l'A-
merique ; puiſqu'elles ne ſont gueres
moins guerrieres que leurs maris.*)

Pour revenir à *Berreo*, il ſuivit
comme je l'ai deja dit, la Riviere de
Caſſanar, laquelle a ſa ſource dans
les montagnes qui ſont près de *Tu-
nia*. De ces mêmes Montagnes ſort
la Riviere de *Pato*. L'une & l'autre
ſe jettent dans celle de *Meta*. Celle ci ſort des Montagnes voiſines de
Pampelune. Le *Meta* & la *Guaiare*,
qui vient des Montagnes de *Timana*,
ſe jettent dans le *Barraquan* & y perdent leurs eaux & leur nom. Le
Baraquan perd auſſi le ſien, après a-
voir coulé quelque tems, & prend
celui de l'*Oronoco*. Le *Rio grande*
prend ſon cours de l'autre côté de
Timana & ſe va jetter dans la mer
près de *Sainte Marthe*. Lorſque

Berreo eut passé la *Cassanar* il vint à
Meta, & faisant marcher ses gens le
long du rivage, il les conduisit au
Baraquan : mais la rapidité du Fleuve, les sables & les rochers qu'on y
trouve, firent échouer une partie de
ses barques & perir beaucoup de
monde. Il erra avec ses gens une
année entiere autour de cette riviere,
sans pouvoir trouver le chemin de la
Guiane, & il arriva enfin à l'extremité d'*Amapaia* qu'il traversa. La Riviere de *Charles* borna sa course.

Ceux d'*Amapaia* vantent beaucoup la *Guiane*. Il y a aussi quantité
d'or chez eux, au raport de *Berreo* & des *Indiens* de la *Guiane* que
j'ai vûs. L'*Amapaia* est sur l'*Oronoco*.
Berreo y perdit soissante de ses meilleurs soldats, & presque tous ses
chevaux. Après avoir passé trois
mois sans pouvoir rien faire avec les
Naturels du Païs, ils firent une espece de paix, & donnerent à *Berreo*
cinq figures d'or pur & divers Ouvrages curieux de la façon de ces
Indiens. Ces curiosités ne cedoient
en rien aux plus jolis Ouvrages d'*I-
talie* & d'*Allemagne* &c. suivant le
témoignage de notre *Espagnol*, qui
ne

ne doutoit pas qu'on ne les admi-
vât en *Espagne.* C'est en éfet quelque chose d'admirable que l'industrie
avec laquelle ces Peuples travaillent
sans aucun instrument de fer, &
sans les secours qui facilitent l'adresse de nos Orfevres.

Les *Indiens* de l'*Amapaia*, qui donnerent à l'*Espagnol* l'or & les curiosités dont je parle, s'appellent *Anabas*,
& habitent à douze miles de l'*Oronoco.* Il y en a huit cent de là jusqu'à
l'embouchure du Fleuve. La Province d'*Amapaia* est basse & maréca-
geuse. Ces marais, que les eaux du
Fleuve forment lors qu'elles débor-
dent, contiennent des eaux roussa-
tres & malsaines, pleines de vers,
de serpens & d'autres Insectes. Les
Espagnols, qui ne connoissoient pas le
danger qu'il y avoit à faire usage de
ces eaux, en eurent des Dysenteries
facheuses. Leurs chevaux en furent
empoisonnés, & dans six mois de
séjour, il ne leur resta plus que six vins
hommes, presque point de cheveaux
& point du tout de Bêtail. *Berreo,*
qui s'étoit flaté de trouver la *Guiane*
plus près qu'elle n'étoit, se trompa
d'environ trois cent trente lieües dans

H 7 son

fon compte: Ainſi & lui & ſes gens
ſe trouverent bientôt expoſés dans
ces terres inconnues à la faim, à la
diſette & aux maladies.

Les *Indiens* de ces quartiers là, qui
connoiſſent le danger des eaux rouſ-
ſes, dont j'ai parlé, ne laiſſent pas
de s'en ſervir, parce qu'ils le pre-
viennent en n'en prenant que quand
le Soleil eſt à ſa plus haute élevaa-
tion ſur l'Horizon. En tout autre
tems elles ſont mal ſaines, & ſur
tout elles ſont fort pernicieuſes à
minuit. Pluſieurs rivieres de ce Païs
là ont auſſi des qualités tres nuiſi-
bles. *Berreo* partit d'*Amapaia* au
commencement de l'été, pour eſſaier
d'entrer en *Guiane* par la frontiere du
Midi : mais ſes éforts furent inutiles.
De hautes Montagnes inacceſſibles,
qui s'étendent à l'Orient de l'*Oronoc*
juſqu'à *Quito* dans le *Perou*, lui fer-
merent le paſſage. Il auroit été impoſſible de tranſporter des vivres &
des munitions à travers les precipi-
ces & les rochers, & de franchir les
ſommets de ces montagnes eſcarpées,
couvertes de ronces, d'épines & de
broſſailles. Outre cela ſes gens accablés de miſere & de fatigue a-
voient

voient à combattre des peuples fé-
roces, ennemis jurés des *Espagnols*,
dont les cruautés & l'avarice étoient
connues chez ces *Indiens*. Il n'a-
voit point d'interprête pour se faire
entendre, & les *Caciques* d'*Amapaia*
avoient instruit ceux de la *Guiane* des
desseins de *Berreo*. Ils avoient même prévenus les Naturels du Païs
contre l'*Espagnol*, en les avertissant
qu'il cherchoit à subjuguer la *Guia-*
ne & reduire ses peuples sous la Domination du Roi d'*Espagne*, pour
s'emparer de leur or & de leurs richesses.

Berreo m'assura qu'il traversa dans
sa route plusieurs rivieres conside-
rables, qui vont toutes se jetter dans
l'*Oronoco*. Il en contoit pour le moins
une centaine, dont, à ce qu'il disoit, la moindre ne cede pas à *
Rio-Grande, qui passe entre le *Popa-*
yan & la Nouvelle *Grenade* : mais il
ignoroit les noms & le cours de ce
Rivieres, parce que n'entendant pas
les Naturels du Païs, il ne pût leur
fai-

---

* Il y a aparence que l'*Espagnol* exageroit
dans son recit.

faire aucune queftion là deffus : &
d'ailleurs notre *Efpagnol* étoit fi par-
-faitement ignorant, qu'il favoit à peine diftinguer l'Orient de l'Occident.
Cependant j'ai eu quelque connoiffance de ces Rivieres, foit par moi
même, ou par mes gens. Mon Interprête, qui étoit natif de la *Guiane*
& favoit une partie des languages
ou jargons de ces Peuples, me fer-
vit beaucoup en cette occafion. Je
fis chercher les plus agés des Indiens
& ceux qui avoient été fouvent en
courfes, à la maniere de ces Peuples.
Je les interrogeai plufieurs fois, &
j'acquis par ce moien une connoiffance affés exacte de toutes les Rivieres & des Provinces depuis la Mer
du Nord jufqu'aux Frontieres du
Perou, & du Fleuve de l'*Orenoc* jufqu'à celui des *Amazones*. J'appris leur
maniere de vivre & comment ils font
gouvernés par leurs *Caciques* &c. les
guerres qu'ils ont entr'eux & leurs
alliances : car comme ils font toûjours
en guerre les uns contre les autres, il
eft abfolument neceffaire de favoir diftinguer les amis des ennemis, afin de
profiter de leurs diffenfions ; fans
quoi il eft impoffible de faire la Conquête de ces Païs. C'eft à ces diffenfions

ons que *Pizarre* a dû la Conquête du *Perou*, & *Cortez* celle du *Mexique*. Celui-ci ſut profiter habilement de la haine que ceux de *Tlaſcala* avoient pour *Montezuma* Roi du *Mexique* ; & il y a grande aparence que ſans la diſcorde de ces Peuples ces deux Conquerans n'auroient pas envahi ſi facilement ces vaſtes Etats, & leurs richeſſes immenſes.

Aprés un contretems ſi facheux, *Berreo* perdit toute eſperance de reüſſir dans ſon entrepriſe. Cependant il avança encore plus loin & arriva à la Province d'*Emeria* vers l'Embouchure du Fleuve. Il y trouva un Peuple doux & afable, qui avoit des vivres en abondance. Le *Cacique* ou Roi de ce Peuple s'appelloit *Carapana*. C'étoit un homme prudent & ſage, d'un temperament vigoureux & d'une longue experience : auſſi étoit il agé d'environ cent ans. En ſa jeuneſſe il avoit été envoié à la *Trinité* par le *Cacique* ſon pere, à cauſe des guerres civiles qui regnoient entr'eux. Il y avoit frequenté des *Eſpagnols* & des *François*, & apris à diſcerner les diférentes manieres des Peuples. Il aimoit la paix,

ce

ce qui entretenoit l'abondance dans
son Païs, & lui procuroit la facilité
du Commerce avec ses voisins.

Lorsque *Berreo* fut arrivé aux habitations du *Cacique Carapana*, il s'y
rafraichit avec ses gens pendant six se-
maines, & continua de s'informer de
la *Guiane* & de ses richesses : mais ne
pouvant poursuivre alors son dessein, à cause de la perte de la plus
grande partie de son monde, il le
remit à un autre année, se promet-
tant de prendre des mesures beaucoup plus justes, & attendant en
même tems un renfort d'*Espagne*. Il
avoit laissé à la *Nouvelle Grenade Don
Antonio Ximenes*, avec ordre de le
suivre dès qu'il aprendroit des nouvelles de la découverte de la *Guiane.*
Plein d'esperance il s'embarqua dans
un canot à l'embouchure de l'*Oronoco* pour passer à la *Trinité*. De la *Trinité* il alla à la Côte de *Paria* & de
là à la *Marguerite*, où il racconta à
Don Juan Sarmiento ses découvertes,
& ce qu'il avoit apris des richesses de
la *Guiane. Sarmiento* lui donna cinquante soldats & lui fit promettre de
se rendre au plutôt chez *Carapana,*
pour penetrer ensuite dans la *Guiane.*

C'est

C'eſt à quoi *Berreo* ne ſongeoit pas , faute de moiens ſufiſans pour cette entrepriſe: Ainſi il alla de la *Marguerite* à la *Trinité* , d'où il envoia ſon Lieutenant avec un Sergeant Major, & quelques ſoldats pour prendre connoiſſance du chemin, & faire alliance avec les *Indiens* de la frontiere, afin de ſe pourvoir enſuite par leur moien de toutes les proviſions neceſſaires. Le *Cacique* de *Carapana* envoia les Députés de *Berreo* à un autre *Cacique* nommé *Morequito* , en leur aſſurant que perſonne ne pouvoit mieux que ce dernier leur donner des nouvelles de la *Guiané*. Il leur dit auſſi qu'ils auroient cinq journées de chemin à faire de chez lui à *Cureguari* , où l'on trouve les premieres habitations des *Indiens* de la *Guiané*.

Ce *Morequito* étoit un des plus puiſſans *Caciques* de ce quartier. Trois années auparavant il avoit été à *Cumana* & à *Marguerite* avec quantité d'or , pour le trafiquer contre diverſes marchandiſes dont il avoit beſoin. Il demeura deux mois chez les *Eſpagnols*, qui lui firent beaucoup de careſſes. *Vides*, Gouverneur de *Cumana*, obtint de *Morequito* la permiſ-

miffion d'envoier avec lui un dé fes
gens pour s'informer de la *Guiane.*
Les richeffes, que le *Cacique* avoit
aportées avec lui, ebloüirent l'*Efpa-*
gnol, qui devoroit par avance les
threfors d'un Païs fi riche, & qui
n'ignoroit pas ce que la renommée
difoit de *Manoa-El-dorado.* Cependant
Vides envoia fans perte de tems en *Ef-*
pagne pour y demander du fecours,
refolu de faire enfuite la Conquête dé
la *Guiane,* & ne fachant rien de
l'entreprife de *Berreo:* mais quand il
l'eut aprife, il mit tout en œuvre pour
la traverfer, & les deux *Efpagnols* de-
vinrent ennemis jurés. Quoi qu'il en
foit, *Morequito,* qui ne s'accommodoit pas des recherches des *Efpag-*
nols, diffimula le depit qu'il en avoit,
& laiffa paffer dix hommes de leur
Nation par fon Païs. Il les fit conduire jufqu'à *Cureguari,* d'où on les
mena à *Manoa,* où ils arriverent en
onfe jours.

A leur retour, & comme il étoient
prêts à quitter la Province d'*Aroma-*
ja, Morequito les fit attaquer par fes
gens, qui les maffacrerent tous, à la
referve d'un feul, qui fe fauva en
traverfant la Riviere à la nage. *Mo-*
re-

requito leur enleva plus de quatre-mille livres d'or. *Berreo* voulant venger la mort de ces *Espagnols* envoia du monde dans l'*Aromaia*: mais le *Cacique* traversa l'*Oronoco*, & les terres des *Saymas* & des *Wikiris*, d'où il passa à *Cumana*, où il se croioit fort en sureté chez *Vides. Berreo* le fit demander au nom du Roi, & quand il l'eut en son pouvoir, il le fit mourir.

Les troupes de *Berreo* pillerent ensuite & ravagerent entierement les lieux de la Domination de *Morequito*, & firent divers prisonniers, entr'autres *Topiawari*, oncle de *Morequito.* Ce *Topiawari* est maintenant un des principaux *Caciques* d'*Aromaia*, & c'est son fils que j'ai mené avec moi en *Angleterre. Topiawari* a cent ans passés, à ce qu'on assure, & c'est un homme beaucoup plus robuste qu'on ne croiroit pour son age. Il ne manque ni de sagesse, ni de prudence. Les *Espagnols* l'enchainerent & le trainerent en cet état une quinsaine de jours, afin qu'il leur servit de guide dans le païs. A la fin il se racheta pour cent plaques d'or, & pour quelques pierres que les Espagnols nom-

nomment *Pedras Huadas*. La mort
de *Morequito* a fort aigri les esprits des
Indiens contre les *Espagnols*, & leur
a fait perdre les relations qu'ils a-
voient commencées avec *Carapana*. Ils tiennent entre leurs Prisonniers un neveu de *Morequito*, qu'ils ont
converti au Christianisme & batisé
sous le nom de *Don Juan*. Ils espe-
rent beaucoup de cet *Indien*.

Les Peuples du voisinage des Riviè-
res de *Baremia*, *Pawroma* & *Issequebo*
sont fort sauvages & vendent jusqu'à
leurs femmes & leurs enfans pour des
hâches & autres choses pareilles.
Les *Espagnols* profitent beaucoup à
ce commerce & vendent à fort haut
prix les Sauvages qu'ils acheptent en
ces quartiers là. *Jean Douglas* sous-
pilote de mon vaisseau prit un canot tout plein de ces gens, qui se
sauverent presque tous. Parmi ceux
qui lui resterent il y avoit une femme aussi belle qu'il se puisse; & si ce
n'étoit que ces peuples sont un peu
bruns, les femmes de ce Païs là se
pourroient comparer à nos plus belles Européenes. Ces mêmes Espagnols vendent aux Sauvages des Côtes un couteau pour cent livres pesant

fant de Caffave , & trafiquent auffi
avec eux plufieurs autres bagatelles
pour du coton, du Bois de *Brefil* , &
des hamacs , dont ils fe fervent eux
mêmes à la façon des *Indiens* en ces
climats chauds.

Berreo voulant à quelque prix que
ce fut penetrer dans la *Guiane* , envoia en *Efpagne* la plus grande partie des richeffes qu'il avoit acquifes
fur les *Indiens*, foit par des pillages ,
par des ranfons, ou par le trafiq; ef-
perant de faire du monde par ce
moien, & que la vüe de tant d'or,
dont la meilleure partie étoit fort
curieufement travaillée, enflameroit
les defirs de fes Compatriotes, & les
engageroit à entrer dans fes deffeins.
Pour y mieux reuffir, il avoit envoié
au Roi luimême divers prefens
d'hommes, de bêtes, d'oifeaux & de
poiffons d'or maffif; & ce qui rendoit fon projet plus fpecieux étoit,
que l'on n'avoit jamais conquis ce
Païs là, ni profité des richeffes qui
s'y trouvent fi facilement & avec
tant d'abondance ; tandis qu'il faut
des travaux immenfes & de grands
fraix, pour tirer l'or des Mines de
l'*Amerique*. Il donna auffi ordre à
fon fils, qui étoit à la *Nouvelle Gre-*
na-

nade, de lui envoier des renforts &
regla leur marche. Ils devoient
entrer dans la Province d'*Emeria* &
marcher le long des rivages de l'*O-*
ronoco.

Lorsque je fus pleinement instruit
du projet de *Berreo* & de la maniere
dont il l'avoit conduit jusqu'alors,
je lui declarai que j'avois entrepris
le même dessein ; que j'avois resolu
de rendre visite aux Peuples de la
Guiane, & que c'étoit là le sujet de ma
venue à la *Trinité*: ce qui étoit veritable, puisque l'année d'auparavant
j'y avois envoié le Capitaine *Whiddon*
pour prendre langue, dans le tems
que *Berreo* se donnoit de grans mou-
vemens pour la decouverte. L'*Espa-*
gnol aprit mon dessein avec beaucoup
de dépit, & ne négligea rien pour
m'en détourner. Il me representa les
peines & les fatigues de ce voiage ;
que mes vaisseaux ne pourroient
point entrer dans la Riviere à cause des sables & des basfonds, dont
ses canots étoient une preuve, puisqu'y tirant à peine douze pouces
de profondeur, ils touchoient presque toujours le fond ; que les *In-*
diens éviteroient notre rencontre &
s'en-

s'enfuiroient dans les terres ; que ſi on les pourſuivoit, ils bruleroient leurs habitations. Il ajouta que l'hyver aprochant, les inondations alloient commencer & que l'on ne pourroit profiter du ſecours de la marée; qu'il s'en falloit de beaucoup que nous ne puſſions nous pourvoir de proviſions ſufiſantes avec nos petites Barques. Mais ce qui pouvoit le plus nous décourager fut ce qu'il ajouta, que tous les *Caciques* des Frontieres de la *Guiane* refuſeroient abſolument d'avoir commerce avec nous; parce qu'ils regardoient comme la cauſe prochaine de leur deſtruction toutes les relations qu'ils pouroient prendre avec les Chrétiens : ceux-ci ne cherchant qu'à piller & envahir les richeſſes du Païs.

Il me parut que les raiſons de *Berreo* étoient bonnes : Cependant j'envóiai *Gifford* mon Vice-Amiral, & *Calfield*, pour chercher l'embouchure de la Riviere de *Capuri*. J'y avois envoié auparavant le Capitaine *Whiddon* & *Douglas*. Ils y trouverent neuf pieds d'eau avec le flux & cinq avec le reflux. Je leur avois dit d'ancrer près du bord & de voir juſqu'où ils pouroient arriver par le montant de la marée : mais elle ſe trouva baiſſée avant que d'avoir pû franchir les bas fons : deſorte qu'il falut abandonner notre entrepriſe, ou ſe reſoudre de laiſſer nos vaiſſeaux à quatre cent miles derriere nous, & de mettre toutes nos proviſions & tout notre monde ſur les canots & ſur deux petites barques. J'envoiai un autre de mes gens avec le bot d'un de nos vaiſſeaux pour ſonder la Baïe de *Guanipa* ou *Amana*, afin de voir s'il y auroit moïen de paſſer avec nos vaiſſeaux : mais lors qu'il fut à l'embouchure d'*Amana*, il n'y trouva pas plus de facilité qu'ailleurs, & il n'oſa ſe haſarder à ſonder plus avant dans la Baïe, parce qu'un *Indien*, qui lui ſervoit de guide, lui dit, que les *Canibales* de *Guanipa* rodoient de ce côté là avec quantité de Canots ; qu'ils ne manqueroient pas de l'attaquer lui & ſon monde avec leurs flêches empoiſonnées ; & que s'ils ne ſe ſauvoient au plutôt, ils periroient tous par les mains de ces Sauvages.

Cependant je jugeai à propos de faire conſtruire une galeaſſe qui ne tirât que cinq pieds d'eau, telle qu'il la falloit pour la Riviere de *Capuri*.

J'y

J'y fis faire des bancs pour ramer, &
commençant à craindre pour *King*,
qui étoit celui que j'avois envoié à
Guanipa, j'ordonnai à *Douglas* de l'aller joindre avec le *bot* de mon Vaiffeau & de fonder par tout avec foin.
Il eft certain que les plus petits Navires, (même un bot) ont peine de
fe tirer de là, à caufe de la force du
Courant qui porte dans la Baïe, &
des vents d'Eft qui y repouffent les
bâtimens. C'eft ce que plufieurs autre perfonnes, qui ont navigé de ce
côté là, peuvent affurer : c'eft pour-
quoi je donnai à *Douglas* un vieux *Cacique* de la *Trinité*, pour lui fervir de
pilote. Celui ci affura de même, qu'il
feroit impoffible de fortir de la Baïe,
à caufe de la violence du Courant :
mais il ajouta qu'on trouveroit un
ruiffeau qui court à l'Eft dans les
terres & qu'il croioit qu'on pourroit
entrer par ce ruiffeau dans la Riviere
de *Capuri* & retourner en quatre jours
à nos vaiffeaux. *Douglas* examina la
difpofition de ces eaux, & reconnut
qu'on pouvoit entrer par quatre
endroits diferens tous également
commodes. Le plus petit de ces endroits étoit auffi large que la *Tamife*

à *Woolwich*; mais l'eau de la Baïe é-
toit si basse de ce côté là, qu'à peine y trouverent ils six pieds d'eau.
Ainsi il étoit absolument impossible
d'y pouvoir siller avec nos vaisseaux.

Cependant nous équipames la galere ou galeasse que j'avois fait con-
struire pour ce dessein, outre les trois
bots que nous chargeames de provisions pour un mois. Nous etions cent
hommes en tout. La marée & le vent
nous furent toujours fort contraires,
& nous fumes enfin poussés au bas de
la Baïe de *Guanipa*, où nous tachames
d'arriver à l'embouchure de quelques
Rivieres, que *Douglas* avoit découvertes auparavant. Nous avions avec
nous pour Pilote un *Indien* de la Riviere de *Baremia* située au Sud de
l'*Oronoco*, entre ce Fleuve & celui des
Amazones. Cet *Indien*, qui s'apelloit
Arwacan, étoit celui à qui nous a-
vions enlevé un Canot chargé de
Cassave, qu'il portoit de *Baremia* à
la *Marguerite* pour l'y vendre. Il nous
promit de nous conduire à l'*Oronoco*,
mais dans le fond il n'y connoissoit
rien du tout, & si Dieu ne nous a-
voit secouru d'une autre maniere,
nous

nous aurions erré un an entier dans
ces diférentes Rivieres comme dans
un Labirinthe, avant que d'y trouver
d'issüe. Je ne crois pas même qu'en
tout l'Univers il y ait un semblable
amas de diverses eaux si fort entre-
lassées les unes dans les autres ,
qu'on ne sait en quelle Riviere on
doit entrer. Lorsque nous croïons
avoir trouvé la route à la faveur de
la Boussole & en prenant la hauteur
du Soleil, nous ne faisions que tourner autour de petites Iles sans nombre, toutes remplies d'arbres si hauts
& si toufus, qu'ils nous empecho-
ient de voir & de traverser. Nous
apellames une des Rivieres , dans
lesquelles nous entrames, *Red-Cross,*
Croix rouge, à cause qu'aucun Chrétien n'y avoit été avant nous. C'est
là que nous vimes de loin un petit
Canot , où il y avoit trois *Indiens*,
que nous atteignimes, avant qu'ils
pussent entrer dans la Riviere. Ceux
qui étoient sur le rivage sous les
Arbres furent fort attentifs à observer nos démarches à l'égard de leurs
Camarades ; mais lorsqu'ils virent
qu'on ne leur faisoit aucune violence , qu'on ne s'emparoit point du

Ca-

Canot, & qu'on n'en prenoit quoique ce soit, ils s'avancerent tout à fait au bord de l'eau, & parurent disposés à faire traite avec nous. Nous nous avançames aussi, sans qu'ils fissent mine de reculer. Pendant que nous étions arrêtés là notre *Indien* voulut aller aux habitations des Naturels du Païs, pour y prendre des rafraichissemens & reconnoitre un peu ce quartier. Il avoit son frere avec lui. Le *Cacique* voulut les tuer, parce qu'ils avoient introduit des étrangers dans leurs terres. L'*Indien*, qui nous servoit de pilote, trouva moien de se sauver de leurs mains, mais il y laissa son frere, & revint en criant qu'on l'avoit tué. Nous arrêtames un vieux *Indien* du Païs, & le menaçames de le traiter comme on traiteroit notre homme. Le vieillard cria à ses compatriotes qu'on ne fit aucun mal à notre *Indien*. Cependant ils ne laisserent pas de le poursuivre, mais à la fin il gagna les bords de l'eau, & la traversa à la nage presque mort de peur. Ce fut un grand bonheur pour nous de n'avoir pas perdu notre *Indien*, parce qu'étant né
dans

dans le Païs, il connoiſſoit aſſés bien les routes & les Rivieres. On appelle *Tinitives* les *Indiens* qui habitent les Iles à moitié inondées, que les Rivieres forment en s'entrelaſſant les unes dans les autres. Il y a deux ſortes de *Tinitives*, les *Ciawaris* & les *Warawaris.*

L'*Oronoco* ſe diviſe à ſon embouchure en ſeize branches. Neuf courent au Nord, & ſept au Sud. Ces ſept branches font des Iles conſiderables, dont il y en a pluſieurs auſſi grandes que l'Ile de *Wight.* Il y en a même de plus grandes. De la branche la plus Septentrionale à la plus Méridionale il y a pour le moins cent lieües. Ainſi l'embouchure de ce Fleuve eſt de 300. miles, & ſurpaſſe en grandeur, à mon avis, celle du Fleuve des *Amazones.* Les *Tinitivas* ont leurs habitations dans les Iles que ces branches forment, & ſont diviſés en deux peuples, ainſi que je l'ai déja dit. Ces deux Peuples ont chacun leur *Cacique*, & ſe font continuellement la guerre. Ces *Indiens* ſont bienfaits & vaillans. Ils logent ſur terre en été, mais en hyver ils vont demeurer ſur les Arbres,

&

& y pratiquent des logemens avec u-
ne adreſſe admirable, afin d'être à
l'abri des grandes inondations de
l'*Oronoco*, qui, depuis le mois de Mai
juſqu'en Septembre, monte vint pieds
au-deſſus de leurs terres. Ils ne ſe-
ment point. Ils font leur pain avec
la mouelle du *Palmite*, & du reſte vivent de pêche & de chaſſe. Le gibier ne leur manque pas, non plus que
divers fruits, que leurs Arbres leur
produiſent. Les *Cuparis* & le *Mà-
cureos*, qui habitent ſur les bords de
l'*Oronoco*, ont auſſi beaucoup d'induſtrie. Ils s'occupent continuellement à la chaſſe & à la pêche. Ces
Indiens ſont extrémement robuſtes &
courageux. Ils ſont toujours en guerre avec leurs voiſins & principalement avec les *Cannibales* : mais depuis peu ils ont fait la paix, pour
mieux ſe defendre contre l'*Eſpagnol*,
qu'ils regardent comme leur plus
grand ennemi.

Lorſque leurs *Caciques* meurent,
il commencent le deuil par de grandes lamentations, mais ils n'enter-
rent pas le corps. Ils le laiſſent à terre ſe pourrir, & quand les chairs
ſont entierement conſumées, il prennent

nent le fquelette du mort, & le pendent dans fa cabane. Ils l'ornent de fes plus precieux joiaux. Sur la tête ils lui mettent des plumes de plufieurs couleurs, aux bras & aux jambes ils lui pendent des plaques & des joiaux d'or. *C'eft ainfi que ces Peuples tachent de conferver à leur maniere les marques de la grandeur & de l'autorité, qu'ils ont eue penaant leur vie.*

Les *Arwacas*, qui habitent au Sud de l'*Oronoco*, reduifent en poudre les os de leurs *Caciques* & de leurs parens défuns. Ils boivent enfuite cette poudre; *voulant fans doute incorporer par ce moien avec leur propre fubftance celle de leurs proches, & fervir ainfi de fepulchres les uns aux autres jufqu'à leur derniere pofterité.*

Lors que nous eumes quité les *Ciawaris* nous remontames la Riviere. Notre galere échoua le quatrième jour de notre Navigation, & peu s'en fallut que nous ne la perdiffions avec foiffante de nos matelots; mais à la fin nous la remimes à flot, après en avoir jetté le left. Quatre jours enfuite nous entrames dans une grande Riviere, nommée *Amana.*

Cet-

Cette Riviere n'a point de sinuosités
comme les autres , mais en revange
nous eumes le courant si contraire,
qu'on pouvoit avancer à grand peine en ramant de toute la force. Je
tachai d'encourager mes gens en les
assurant que dans trois ou quatre
jours nous aurions surmonté ces di-
ficultés , & pour leur donner plus
de courage , nous mimes tous les
uns après les autres la main à l'œuvre: mais enfin au bout de trois ou
quatre jours ils recommencerent à
perdre patience, à cause de la chaleur
violente qui leur étoit insuportable;
outre que les Arbres hauts & toufus
qu'on rencontroit sur les deux rivages de la Riviere incommodoient
prèsqu'autant que la rapidité du courant. Cependant je les gagnai encore à force de leur faire des promesses
& cela dura jusqu'à ce que les vivres
nous eurent manqué , & que nous
fumes entierement accablés des chaleurs insuportables de la *Ligne*. Nean-
moins je renouvellai mes instances,
en représentant à mes gens, que pour
peu que nous prissions courage, nous
trouverions bientôt des provisions
en abondance; au lieu qu'en retournant

nant brusquement nous aurions encore à souffrir long tems la peine &
la faim. D'ailleurs nous nous fou-
tenions affés bien au défaut de nos
vivres ordinaires, par le moien de
quantité de bons fruits que l'on trouve fur le bords de la Riviere, fans
parler du gibier & du poiffon, qui
n'y manquent pas. Il y a tant de diferentes plantes & fleurs dans ce
quartier là, qu'on en pourroit faire
plus de dix Herbiers, à ce que je
crois.

Notre pilote *Indien* voulut nous
perfuader de prendre à droite dans
notre navigation; ajoutant que nous
trouverions une Riviere, où nous
pourrions entrer avec nos Canots &
qu'il nous meneroit par ce moien à
quelques habitations des *Arwacas*,
où l'on nous donneroit des provifions en abondance, & qu'en attendant on pourroit laiffer la galere à
l'ancre ; qu'en partant à midi on
pourroit être le foir de retour. Cela
me fit beaucoup de plaifir, & nous
nous engageames là-deffus dans cette Riviere, fans aucunes provifions, à
caufe qu'il nous avoit dit que les
habitations étoient fort peu éloig-

nées;

nées; mais après avoir ramé trois heures, nous commençames à nous defier de notre homme, ne voiant nulle part aucune marque d'habitation. Il nous aſſura qu'elles n'étoient pas fort loin; mais aiant ramé trois autres heures, nos ſoupçons augmenterent, & nous ne doutames plus qu'il ne cherchât à nous trahir. Cependant après bien de la peine, nous aperçumes enfin de la lumiere & nous entendimes du bruit. Il étoit une heure après minuit, lorſque nous vinmes aux habitations des *Indiens* & nous y trouvames peu de monde, parce que le *Cacique* du lieu étoit allé avec pluſieurs Canots de ſes gens à l'embouchure de l'*Oronoco* pour faire traite. Nous primes là toutes les proviſions qui nous étoient neceſſaires, & aprés nous être bien rafraichis & pourvus de tout ce qu'il nous falloit, nous retournames à notre galere avec des proviſions, qui nous manquerent avant que d'y arriver.

Les environs de la Riviere ſont fort beaux. Il y a une belle Vallée de la longueur de vint milles au moins, & l'on voit dans tout le Païs

Païs beaucoup d'animaux de diférentes efpeces, quantité de gibier dans les champs & de poiffon dans la Riviere. On y trouve beaucoup de Serpens monftrueux. Un de nos Negres, qui étoit un jeune garçon fort gentil, eut le malheur d'être devoré par un de ces ferpens afreux. En nous en retournant nous vimes paroître quatre canots qui defcendoient lá grande Riviere. On rama après. Deux fe fauverent vers le rivage, d'où les gens qui y étoient prirent la fuite dans les bois. Les deux autres nous échaperent abfolument. Il y avoit trois Efpagnols dans ces deux derniers ; mais nous nous emparames des deux autres, où il y avoit provifion de pain, ce qui nous vint fort à propos. Je fis pourfuivre ceux qui s'étoient fauvés dans les bois, parmi lefquels il y avoit un rafineur d'or, mais il n'y eut pas moien de les atraper : cependant nous primes quelques *Arwacas* qui s'etoient cachés, & qui fervoient de pilotes aux *Efpagnols.* J'en retins un pour me fervir, & j'apris de lui en quels endroits les *Efpagnols* ont accoutumé de chercher l'or : mais je ne voulus pas le dire à mes gens, parce que les inondations des eaux rendant l'entreprise inutile, cela n'auroit servi qu'à les dégouter entierement. Ces eaux croissent si subitement & avec tant d'impetuosité, que le soir on en a jusqu'au col dans les lieux où l'on n'en avoit le matin qu'à la cheville, & cela est fort ordinaire aux Rivieres qui se jettent dans l'*Orenoco*.

L'*Arwaca* que j'avois pris pour pilote craignoit fort que nous ne le mangeassions, parce que les *Espagnols* lui avoient fait accroire que nous étions des mangeurs d'hommes : mais il s'en desabusa bientôt, de même que tous les autres *Indiens*, à qui les *Espagnols* avoient voulu persuader pareilles sotises, quand il vit notre maniere d'agir. Nous les traitions au contraire le plus humainement qu'il étoit possible, & nous leur donnames lieu par notre conduite de nous justifier de l'imposture des *Espagnols*, qui en usent eux mêmes avec barbarie à leur égard. Aucun de mes gens n'a jamais touché leurs femmes ou leurs filles, pas même du bout du doit; & pour les denrées, on on n'en a jamais pris aucune fans avoir fatisfait celui à qui elle apartenoit. Enfin, pour pouvoir mieux répondre de la juftice de la conduite que j'ai tenue avant que de partir d'un endroit, j'ai toujours eu la précaution de demander aux *Indiens* quel fujet de plainte ils pouvoient avoir contre mes gens, afin de les contenter avant mon départ, & de chatier le coupable.

Après nous être pourvûs de ce qui nous étoit neceffaire par le moien des deux canots dont j'ai parlé, je les rendis aux *Arwacas*, & renvoiai ceux que j'avois pris, excepté celui que je retins pour me fervir de pilote, que les Efpagnols avoient appellé *Martin*. Je renvoiai auffi avec ces Canots *Ferdinand* mon vieux *Indien*, & leur donnai des vivres autant qu'il leur en falloit. Je pourfuivis enfuite ma route fous la conduite de mon *Arwaca*, mais à peine avions nous fillé deux fois vint-quatre heures, que notre galere s'échoua, & peu s'en fallut que nous ne la perdiffions avec toutes nos provifions: cependant nous nous tirames de ce danger, & au bout de 15. jours nous aperçumes les montagnes

tagnes de la *Guiane*. Au ſoir du
15. un bon vent de Nord nous con-
duiſit à la vue de l'*Oronoco*, où
nous aperçumes trois canots éloignés de nous, & ſur leſquels nous
courumes. Nous en perdimes deux
de vue. Le troiſiéme entra dans
la Riviere à droite, vers l'Oüeſt, &
s'y tint hors de notre vûe, croiant
que nous tirerions à l'Eſt vers la
Province de *Carapana*, où il y a des *Eſpagnols*. Les genſ des Canots nous prenoient pour ceux qui s'étoient ſauvés
de la *Trinité*; mais quand nous fumes à
leur hauteur, nous les ſerrames de ſi
près, qu'ils ne purent gagner la terre ;
& nous leur dimes par notre Interprete
Indien qui nous étions. Alors ils nous
firent part de leurs proviſions, & nous
promirent de revenir le lendemain
avec leur *Cacique*.

Nous trouvames au lieu où nous
jettames l'ancre, une infinité d'œufs de
tortues. C'eſt une nourriture tres ſaine, dont mes gens s'accommoderent
fort bien. Le jour ſuivant nous vimes
arriver le *Cacique* de *Toparimaca* avec
quarante *Indiens* à ſa ſuite. C'étoit là le
Cacique dont nous attendions la viſite.
Il nous aportoit pluſieurs rafraichiſſemens ; & nous le reçumes de notre
mieux.

mieux. Nous lui fimes boire du vin d'*Espagne*, dont il s'accommodoit merveilleufement. Après cela je m'adreffai à lui pour favoir la route la plus fure & la plus courte pour arriver promtement à la *Guiane*, & il s'ofrit alors de nous conduire à fon village, où il nous regala de fon mieux, & fit fi bien boire mes gens d'une certaine liqueur forte que les *Indiens* de l'*Oronoco* compofent, & qu'on peut regarder comme une efpece de vin, que la plus grande partie de mon Equipage étoit paffablement ivre. Il entre dans cette liqueur du poivre de l'*Amerique* & le fuc de plufieurs herbes. Ils la gardent dans de grans pots de terre, où elle fe clarifie. Quand elle eft bien claire, ils s'en regalent dans leurs feftins, & s'en donnent jufqu'à ce qu'ils foient yvres : car ces *Indiens* aiment extrémement à boire.

Nous trouvames à ce Village deux autres *Caciques*; l'un étoit venu pour faire traite avec ceux de *Toparimaca*, & avoit remonté la Riviere, dans le deffein d'y trafiquer fa marchandife. Il avoit laiffé fes gens & fa femme avec fes Canots au même lieu où nous avions jetté l'ancre. L'autre é-
toit

toit auſſi de *Toparimaca*. Nous les
trouvames chacun dans un Hamac
de coton avec deux femmes qui leur
ſervoient à boire. Il y avoit auprès
d'eux ſix taſſes ou gobelets à la Sau-
vage. Les femmes puiſoient dans les
grans pots de terre avec une eſpece d'écuelle & rempliſſoient ces ſix
taſſes. Les deux *Caciques* en vui-
derent chacun trois coup ſur coup.
Ils boivent ainſi juſqu'à ce qu'ils
ſoient yvres à n'en pouvoir plus.

Le Village de ces *Toparimacas* me
parut fort agreable. Il eſt ſur une
petite hauteur. Les environs ne
manquent pas de poiſſon. Le *Cacique* du lieu me donna, pour me
ſervir de pilote, un vieux *Indien*,
qui connoiſſoit parfaitement ce pa-
ſage, & cela nous étoit fort neceſſaire, à cauſe des ſables, rochers,
basfonds & Ilets qu'on y trouve
continuellement ; ſans parler des
courans qui y ſont ſi violens, que
nous fumes pluſieurs fois en danger de perir avec la galere : car
pour nos petits bateaux nous étions
obligés de les laiſſer au rivage, n'o-
ſant pas les hazarder,

Le jour ſuivant un vent d'Eſt,
qui

qui s'éleva foulagea beaucoup nos bras, car la force du vent nous delivra de la nécessité de ramer. L'*Oronoco* est asséz exactement Est & Ouëst depuis son embouchure jusqu'aux environs de sa source. En suivant le cours de ce Fleuve depuis l'endroit où nous nous y embarquames, nous aurions pû penetrer en plusieurs endroits de la *Grenade* & du *Papayan*. Toute la journée nous navigeames sur une petite Riviere qui a à gauche l'Ile d'*Assapara*, & à droite le grand Fleuve. Cette Ile a 25. miles de longueur & six de largeur. Au delà de cette eau, qui traverse la grande Riviere, il y a l'Ile d'*Iwana*. Celle-ci est deux fois plus grande que l'Ile de *Wight*. Entre l'Ile & la terre de la *Guiane* il y a une autre Riviere considerable, qu'on nomme *Arraroopana*. Toutes ces eaux sont telles, qu'elles peuvent porter de gros vaisseaux. Quoique l'*Oronoco* soit traversé en plusieurs endroits par des Iles, il a pourtant au moins trois milles de large dans l'endroit où nous nous trouvions alors. Au-dessus d'*Assapara*, & un peu à l'Ouëst à droite, on

on y voit une autre riviere nommée *Aropa*. Celle-cy vient du Nord se jetter dans l'*Oronoco*. Nous ancrames au delà & du même côté près de l'Ile d'*Occawata*, qui a 6 miles de long & 2 de large. Ce fut aussi là que prirent terre deux *Indiens* de la *Guiane*, que nous avions pris à *Toparimaca*. Ils prirent les devans pour aprendre notre arrivée au *Cacique* de *Putyma*, Vassal de celui d'*Arromaja*, mais comme il y avoit loin du lieu où nous étions jusqu'aux habitations du premier *Cacique*, notre *Indien* ne put-être de retour le même jour ; desorte que nous fumes obligés de rester ancrés la nuit prés de *Putapayma*, qui est une Ile pour le moins aussi grande qu'*Arraroopana*. Il y a tout vis à vis de cette Ile la montagne d'*Occapa*. Nous préferions l'ancrage des Iles, à cause qu'on y trouve beaucoup d'œufs de tortues, & que la péche y étoit plus commode. La Côte du Continent est de roche couleur d'acier, c'est-à-dire bleuâtre, & je crois qu'on pourroit y trouver du fer de cette qualité. Les Montagnes

gnes voifine des Rivieres font auffi bleuatres.

Le matin du jour fuivant nous levames l'ancre & primes notre cours à l'Ouëft en remontant la Riviere. La terre s'ouvroit à droite & les bords nous en parurent fort rouges. J'envoiai du monde avec des Canots pour reconnoître cette terre. Ils nous rapporterent, que d'auffi loin qu'ils avoient pû l'examiner, & du haut des Arbres où ils s'étoient perchés pour la reconnoître, elle leur avoit paru unie & fans aucune hauteur. Mon vieux *Indien* frere du *Cacique* de *Toparimaca* me dit que c'étoient les Vallées de *Sayma*. Il m'affura que ces Vallées s'étendent jufqu'à *Cumana* & aux *Carracas*; qu'il y habite quatre peuples diférens; les *Saymas*, les *Affaways*, les *Wikiris*, Sauvages puiffans, qui batirent *Pedro Hernando* de *Serpa*, lorfqu'il traverfa de *Cumana* à l'*Oronoco* avec 300. chevaux, pour conquerir la *Guiane*. Le quatrieme peuple eft la Nation des *Aroras*. Ceuxci font prefque auffi noirs que les *Negres*. ils font forts & vigoureux, & fe fervent de fléches empoifonnées.

Le

Le poifon en eft fort dangereux, &
cela m'obligea à me fournir des
meilleurs antidotes que je pus trouver, pour garantir mes gens de la
violence de ce venin. Outre qu'il
eft toujours mortel, il caufe aux bleffés des douleurs afreufes & les fait
mourir furieux. Les entrailles leur
fortent du corps, ils deviennent
noirs comme de l'encre & la puan-
teur, qui s'exhale de leur corps eft
infuportable. Il y a lieu d'être fur-
pris que les *Efpagnols*, qui ont fi fouvent été bleffés des fleches empoifonnées de ces Sauvages, n'aient jamais trouvé de remede eficace pour
s'en guerir. Il eft bien vrai que les
Indiens eux mêmes n'en connoiffent
pas la guerifon, & que quand il font
bleffés de ces fléches empoifonnées,
ils font obligés d'avoir recours à
leurs *Boiés*, qui leur fervent de Mé-
decins, & qui font un grand mif-
tere de la maniere de guerir les
bleffures de ces fléches. Pour les
remedes ordinaires, que ces *Indiens*
emploient contre le venin, on les
fait avec le fuc d'une racine qu'on
appelle *Tapara*. Cette racine eft propre contre les fievres, & guerit les
                                        blef-

bleſſures internes : mais à l'égard de
ceux qui ſeront bleſſés de ces fléches empoiſonnées des *Indiens*, je
leur conſeille de s'abſtenir de boire
autant qu'il leur ſera poſſible ; car s'ils
boivent peu de tems après avoir été
bleſſés, il faut qu'ils meurent ſans remiſſion.

Je reviens à notre voyage. Le troiſiéme jour de notre navigation, nous
jettames l'ancre à la gauche de deux
Montagnes, dont l'une s'appelle *A-*
roami, l'autre *Aio.* Nous reſtames
ancrés juſqu'à minuit, après quoi
nous paſſames une grande Ile, qui eſt
au milieu de la Riviere, nommée
Manoripano. A peine fumes nous près
de la terre, que nous vimes à nôtre
ſuite un Canot, où il y avoit huit
Indiens, qui nous prierent d'aller à
leurs habitations. Nous renvoiames
la viſite à notre retour. Au cinquieme jour nous arrivames à la Province d'*Arromaia*, & ancrames à
l'Oüeſt de l'Ile *Murracotimo*, qui a dix
milles de long & cinq de large. Le
jour ſuivant nous arrivames au ha-
ve de *Morequita*, & y ancrames.
On envoia un des *Indiens* au Roi ou
Cacique d'*Arromaia*, oncle de *More-*
qui-

quito, pour lui annoncer notre arrivée, & il vint à pied le jour d'a-
près avant midi nous rendre visite.
C'étoit un homme de cent dix ans
fort robuste encore. Quoiqu'il eut
fait quatorze milles pour nous voir,
il ne laissa pas de s'en retourner encore à pied le même jour. Il avoit
amené avec lui une partie de ses gens,
qui étoient curieux de nous voir. Il
nous fit part de quantité de rafraî-
chissemens & de toutes ses provisions, qui consistoient en gibier, racines, fruits &c. En s'en allant il me
fit present d'un *Armadillo*.

Je questionnai longtems ce vieux
Cacique par le moien de mon inter-
préte *Indien*, sur la mort de *Morequito* & sur les *Espagnols*. Je lui a-
pris le sujet de ma venue, qui j'é-
tois & à quel Prince j'apartenois;
comment mon dessein étoit d'afranchir les *Indiens* de la tyrannie des
Espagnols. Ensuite je m'informai à
lui touchant la *Guiane*, & comment
il falloit s'y prendre pour y penetrer. Le vieux *Cacique* me repondit à cela, que son Païs, tout ce
qui borde Riviere d'*Emeria* jusqu'à
la mer, & la Province de *Carapa-*
na

na font partie de la *Guiane*, qu'en général les Nations de cés Terres s'appellent *Orenoccoponi*, parce que toutes leurs terres confinent à l'*Oronocco*; que l'on comprend aussi sous ce nom toutes les Nations qui habitent entre ce Fleuve & les Mons de *Wacarima*; qu'à l'autre côte de ces Montagnes il y a une grande vallée que l'on apelle *Amariocapana*. (Nous allames voir cette vallée à notre retour.) Je lui demandai aussi qui étoient les Peuples qui habitent au delà de cette vallée & à l'extremité des Montagnes: à quoi il me repondit en soupirant. „ Lorsque j'étois en-
„ core jeune, il vint dans la gran-
„ de Vallée de la *Guiane*, des
„ lieux où le Soleil se couche, un peu-
„ ple innombrable, qui portoit des
„ robes larges & des bonnets rouges.
„ On les appelloit *Oréjones* & *Epo-*
„ *remerios.* Ils chasserent les anciens
„ habitans du Païs, & s'emparerent
„ de leurs terres jusqu'au pied des
„ Montagnes, excepté de celles des
„ *Irawaquerys* & des *Cassipotos.* Mon
„ fils ainé perit avec tout son mon-
„ de dans le dernier combat que les
„ *Irawaqueris* donnerent contre les

„ *Eporemerios.* On l'avoit choifi pour
„ fecourir les premiers. Maintenant
„ il ne me refte qu'un feul fils. " Il
ajouta que les *Eporemerios* avoient bati au pied de la montagne & à l'entrée
de la grande vallée de la *Guiane* une
grande Ville, nommée *Macuregua-
rai*, où les maifons font hautes; que
les Roi des *Orejones* & des *Eporemerios*
fait garder les frontieres par trois
mille hommes, qui ravagent &
pillent fans ceffe leurs voifins: mais
que depuis que les Chrétiens cherchoient à s'emparer de ces terres, la
paix s'étoit faite, & qu'ils regardent tous enfemble les *Efpagnols* comme leurs ennemis capitaux.

Le vieux *Cacique* voulut enfuite
s'en retourner, alleguant que fon age
& la longueur du chemin ne lui permettoient pas de refter davantage a-
vec nous. Je tachai de l'engager à
paffer la nuit avec nous, mais je ne
pûs le perfuader, & tout ce que je
pûs obtenir fut qu'à notre retour il
nous viendroit voir & nous aporteroit des provifions de fon Païs. Il
s'en retourna dés le foir même à *Ore-
nocotona* lieu de fon féjour. Ainfi il
avoit fait en un jour vint huit milles.

Ce

Ce vieux *Cacique* étoit regardé comme un des plus sages du Païs ; & pour dire la verité, il me parut fort entendu & fort raisonnable, & il me parla toûjours avec beaucoup de bon sens.

Le jour suivant nous fimes voiles à l'Ouëst de la Riviere, du côté de celle de *Charles*. La nuit nous ancrames près de l'Ile de *Catuma*, qui a cinq à six milles de long. Nous arrivames à l'embouchure de la Riviere de *Charles*, après une journée de navigation. Cette Riviere fait une chute considerable. Elle est aussi large que la *Tamise* à *Watwich*. Nous nous arrêtames au bord, n'aiant pû avancer en toute une heure seulement la valeur d'un jet de pierre. Nous envoiames notre *Indien* aux habitans & à leur *Cacique*, pour leur faire savoir nôtre arrivée, & leur dire que nous étions ennemis jurés des *Espagnols*. C'est là que *Morequito* fit massacrer les dix *Espagnols* qui revenoient de *Manoa* avec la valeur de quatre cent mille *Pesos* en or. Un *Cacique* nommé *Wannuretona* nous y vint trouver avec une partie de ses gens & nous aporta quantité de provisions. Je lui

K 2   dis

dis, comme au précedent, le deſſein de mon voiage, qui étoit de les afranchir du joug *Eſpagnol*, & je m'inſtruſis de la *Guiane* par ſon moien autant qu'il me fut poſſible.

Ces *Indiens* de la Riviere de *Charles* ou *Caroli* ſont ennemis jurés des *Eſpagnols*, & des *Eporemerios*. Ils ont beaucoup d'or. Leur *Cacique* me dit encore, qu'à la ſource de la Riviere il y a trois Nations puiſſantes, qu'il nomma *Caſſipagatos*, *Eparagotos*, *Arawaragotos*; que cette Riviere de *Charles* ſort d'un grand Lac; que tous ces Peuples ſe joindroient volontiers à nous contre l'*Eſpagnol*; & enfin que quand nous aurions paſſé les Montagnes de *Curea*, nous trouverions beaucoup d'or & quantité de choſes rares & precieuſes. Il nous parla des *Irawaqueris*, qui ſont continuellement en guerre avec les *Eporemerios*.

Un certain Capitaine *George*, que j'avois fait priſonnier avec *Berreo*, m'aſſura que l'on pourroit trouver près de la Riviere une mine d'argent tres riche: Mais l'*Oronocco*, & toutes les autres Rivieres étoient déja montées de plus de cinq pieds, & il auroit

roit fallu des travaux & des peines immenſes pour remonter le Fleuve *Caroli*. C'eſt à cauſe de cela que je pris le parti d'envoier par terre vers le haut de la Riviere quelques uns de mes gens à une Ville, qui eſt vint milles au delà de la vallée d'*Annatapoi*. Ils trouverent des *Indiens* qui alloient à une autre Ville plus éloignée, qu'ils nommoient *Capurepana*. Cette Ville eſt au pied des Montagnes & ſous la Domination d'un *Cacique* proche parent du vieux *Cacique* dont j'ai parlé. J'allai auſſi à terre avec une partie de mes gens, pour voir la chute de la Riviere de *Charles*, & j'envoiai le Capitaine *Whiddon* avec quelques autres pour examiner les bords de cette Riviere, & voir ſi l'on y trouvoit quelque matiere minerale.

Nous montames au haut des montagnes, d'où nous découvrimes toute la Riviere de *Charles*, & comment elle ſe diviſe en trois branches à vint milles de là. Nous vimes au moins dix à onſe ſauts ou chutes de cette Riviere, les unes plus hautes que les autres. L'eau qui ſe froiſſe en

ſe

se précipitant ainsi , forme comme
un tourbillon de fumée. Ensuite
nous nous aprochames des vallées.
Je n'ai jamais vû de plus beau Païs.
L'herbe y est belle, & le terrain ferme. Il n'y manque ni gibier, ni oiseaux dont le ramage melodieux fla-
toit agreablement nos oreilles. Nous
vimes des fils d'or & d'argent dans
les pierres, mais n'aiant que nos
mains & nos épées, il n'y eut aucun
moien d'en profiter. Je fis examiner
quelques unes de ces pierres à la
Trinité & à *Caracas*. A dire la verité je n'aurois eu garde d'entreprendre un tel voiage, si je n'avois été
assuré qu'il n'y a pas sous le Soleil
un Païs plus riche en or que celui
là. Car sans cela quel motif aurois-
je eu pour essuier toutes les fatigues
que j'ai soufertes ? aurois-je été assés
fol pour les aller chercher au bout
de la terre ? Le Capitaine *Whiddon*,
& notre Chirurgien m'apporterent
quelques pierres semblables à des
Saphirs. Je les fis voir à de *Oreno-
quoponis*, qui me promirent de me mener à une Montagne où j'en trou-
verois quantité. Je ne sai si c'est du
Chri-

Chriſtal de Montagne, ou des Diamans de *Briſtol*, ou des Saphirs.

A gauche de la Riviere on a les *I-*
rawaqueris , ennemis mortels des
Eporemerios. Vers le grand Lac de
Caſſipa on trouve les *Caſſipagatos* , les
Eparagotos, & les *Arawagotos*. Ce
Lac eſt ſi grand , qu'on peut à peine le
traverſer en canot dans une journée.
Pluſieurs Rivieres s'y jettent ; &
l'on y trouve en été beaucoup de
grains d'or. Au delà de la Riviere
Caroli ou de *Charles* il y a celle d'*Ar-*
vi. Elle paſſe par le Lac du côté
de l'Ouëſt & ſe jette dans l'*Oronocco*.
Entre celle de *Caroli* & l'*Arvi* il y
a une Ile très fertile & fort agréable,
& près de l'*Arvi* il y a deux autres
Rivieres nommées *Atoica* & *Caora*.
Les *Indiens* qui habitent ſur les bords
du *Caora* ont la tête toute d'une piece avec les épaules: Ce qui eſt également monſtrueux & incroiable ;
mais je tiens preſque la choſe pour veritable. (*Il y a aparence que ces Peuples*
ont le col extrémement court, & peut
être auſſi les épaules extrémement
hautes: ſoit que la Nature les ait faits
ainſi , ou que l'art & l'induſtrie y
aient quelque part. Le gout de ces

Nations éloignées eſt fort bizarre par raport au nôtre; car elles font fouvent leur beauté de ce qui nous paroit éfroiable.) On apelle ce Peuple extraordinaire *Ewaipanomas*, & il n'y a point d'enfant dans l'*Arromaia* qui n'aſſure ce que j'écris dans ma Relation; que leurs yeux font fur les épaules & leur bouche dans la poitrine. Le fils du *Topiawari*, que j'amenai avec moi en *Angleterre*, m'aſſura que c'eſt le peuple le plus puiſſant & le plus redoutable de tout le Païs, qu'ils ont des fléches & des arcs trois fois plus grands que ceux des *Oronocoponis*. Un *Irawaqueri* en prit un priſonnier, il y a un an, & l'enmena dans l'*Aromaija*. Comme l'*Indien* vit que je doutois de la choſe, il me dit que perſonne n'ignoroit cela, & que ce peuple monſtrueux faiſoit beaucoup de ravages chez ſes voiſins, fur tout depuis pluſieurs années. Si j'avois eu le bonheur d'aprendre ces particularités quelque tems avant mon départ, j'aurois pû faire en forte d'enmener avec moi un de ces hommes extraordinaires. Lorſque je retournai à *Cumana*, je m'entretins avec un *Eſpagnol* de beau-

beaucoup d'experience, qui, apres
avoir apris de moi que j'avois été en
Guiane & jufqu'à la Riviere de *Charles*, me demanda fi j'avois vû des
Ewaipanomas: & cet *Efpagnol*, qui
étoit un homme de bonne foi,
m'affura qu'il avoit vû plufieurs de
ces Acephales. Je ne nomme pas
cet *Efpagnol*, mais il fufit de dire
qu'il eft bien connu des fieurs *Mou-
cheron*, dont l'un eft negociant à
Londres.

Le *Cafnero* eft la quatriéme Riviere vers l'Ouëft, qui fe voit dans les
Terres voifines de celles de la Riviere de *Charles*. Le *Cafnero* fe jette dans
l'*Oronocco* du côte de l'*Amapaia*. On
affure que cette Riviere eft plus grande que le *Danube*, ni qu'aucune autre Riviere de l'*Europe*. Elle a fa
fource au Midi de la *Guiane*, dans les
Montagnes qui feparent ce Païs des
Terres des *Amazones*. Nous aurions
pû la remonter affés avant, fi l'hyver, qui aprochoit, nous l'eut permis: quoi qu'à proprement parler il
n'y ait point d'hyver en ces quartiers
là; puifque le froid n'y eft pas fenfible,
& que les arbres y font chargés en
toute faifon de feuilles & de fruits:

Ce

Ce que j'appelle hyver c'est la saison où il tombe des pluies violentes, qui causent des ravines & des débordemens excessifs. Les Rivieres s'enflent & inondent les campagnes. Les orages, les tonnerres & les éclairs sont alors extraordinaires ; ainsi que nous l'éprouvames à notre retour.

Au côté du Nord le *Cari* est la premiere Riviere qui se jette dans l'*Orenoque*, & qu'on rencontre en remontant ce grand Fleuve. On trouve ensuite du même côté le *Limo*. Des *Canibales* habitent entre ces deux Rivieres, & leurs habitations s'appellent *Awacari*. Ces gens tiennent une espece de marché où ils vendent leurs femmes & leurs filles pour des hâches à leurs voisins, qui les revendent aux *Espagnols*. A l'Ouëst de *Limo* on trouve la Riviere de *Pao*, ensuite *Caturi*, puis le *Vocari* & le *Capuri* qui vient de la Riviere de *Meta*. C'est par le *Meta* que *Berreo* vint de la *Nouvelle Grenade* dans là *Guiane*. La Province d'*Amapaia* est à l'Ouëst du *Capuri*, & c'est là que *Berreo* & ses gens passerent l'hiver, & où les eaux leur cau-
se-

ferent des maladies mortelles. Au deſſus de l'*Amapaia*, en tirant vers la *Nouvelle Grenade* le *Pati* & la *Caſſanar* ſe jettent dans le *Meta*. A l'Ouëſt de ces Rivieres on a les terres des *Aſhaquas* & des *Cateytos*, & les Rivieres de *Beta*, *Dawney* & *Ubarro*. Sur les Frontieres du *Perou* on trouve les Provinces de *Tomebamba* & de *Caxamalca*, & tirant vers *Quito* & le *Popayan*, au Nord du *Perou* les Rivieres de *Guayara*, & de *Guayacure*. Au delà des Montagnes du *Popayan* on trouve le * *Panpamena*, qui ſe jette dans l'*Amazone* & traverſe les terres des *Motillones* ou *Moteyones*. C'eſt là que *Pedro d'Orſua* perit miſerablement. On trouve entre le *Dawney* & le *Beta* la grande Ile de *Baraquan*. L'Oronoco eſt inconnu au delà du *Beta*, & l'on aſſure qu'il y a une grande chute d'eau, qui ne permet pas aux vaiſſeaux d'y naviger.

On peut naviger ſur ce Fleuve avec des vaiſſeaux environ mille milles Angloiſes, & avec des Canots

K 6 au-

* Ou *Payanamo*.

autour de deux mille. Les eaux de
ce Fleuve conduifent au *Popayan*,
à la *Nouvelle Grenade* & au *Perou*,
foit par elles mêmes, ou par les Rivieres qui s'y jettent. Par d'autres
Rivieres qui fe jettent auffi dans l'O-
ronoco on peut aller aux nouveaux
Etats des *Yncas* defcendus de ceux
du *Perou*, aux *Amapaias* & aux *A-
nabas*, où l'on trouve quantité d'or.
Une partie de ces Rivieres, qu'on
peut appeller les branches de l'*Oronoco*, prennent leur fource dans les Vallées qu'il y a entre les Provinces O-
rientales du *Perou* & la *Guiane*.

Pendant que nous étions à l'ancre fur la Frontiere des *Cauuris*, nous
tâchames de prendre quelque connoiffance des *Indiens* de ce quartier
là, afin de pouvoir difcerner ces diférens peuples & furtout ceux qui font
ennemis des *Eporemerios*. Après cela
voiant qu'il feroit inutile de féjour-
ner plus long tems là, & que le
débordement des eaux augmentoit,
je fongeai à m'en aller. Mes gens
ne demandoient pas mieux, car ils
n'avoient plus d'autres hardes que
celles qu'ils portoient fur le corps,
qui étoient percées de la pluie dix
fois

fois par jour; de forte qu'ils n'avoient pas le tems de les fécher. Nous reprimes notre cours à l'Ouëft, & tâchames de mieux reconnoitre la Riviere, ce qui étoit d'autant plus important, que nous ne l'avions pas reconnue affés exactement auparavant. Nous quittames donc le jour fuivant l'embouchure de la Riviere de *Charles*, & allames jetter l'ancre au Port de *Morequito*, où nous avions ancré auparavant. Dès que je fus là, j'envoiai chercher mon vieux *Topiawari*, & lui fis demander qu'il me donnât un de fes *Indiens*, pour l'emmener avec moi en *Angleterre*, & lui faire aprendre la langue. Ce *Topiawari* nous vint voir avec plufieurs de fes gens, qui nous aportoient des provifions, ce qui accommoda beaucoup les miens. Après cela je fis fortir tous ceux qui étoient dans ma tente, afin de m'entretenir tout feul avec ce vieux *Indien* par le moien de mon interprete. Je lui dis comment je favois que le *Eporemerios* & les *Efpagnols* étoient égalemens fes ennemis, & que je le priois de m'enfeigner le chemin de la *Guiane* & de la Ville Imperiale des *Incas*. Il

K 7 me

me répondit, qu'il ne croioit pas que
j'euſſe en vüe de m'acheminer pour
lors du côté de *Manoa*, parce que
la ſaiſon ne me le permettroit pas;
qu'il ne croioit pas non plus que
j'euſſe aſſés de monde pour une
telle entrepriſe; que ſi j'y perſiſtois
avec le peu de monde que j'a-
vois, il pouvoit m'aſſurer que nous
y trouverions notre tombeau; que
la puiſſance du Roi de *Manoa* étoit
formidable, & que même avec le tri-
ple de monde nous ne pourions
rien faire contre lui. Il ajouta pour avis, que, quelque éfort
que je puſſe faire, jamais je ne pourrois penetrer dans la *Guiane*, ſans
l'aſſiſtance des ennemis de ce grand
Etat: ſoit pour être ſecourus d'hommes par leur moien, ou pour avoir
les rafraichiſſemens & les proviſions neceſſaires; que la longueur de la traite & la violence
de la chaleur ne permettoient point
de ſe paſſer de ces ſecours. Il me
racconta enſuite, que trois cens *E-
ſpagnols*, qui avoient eu le même deſſein, étoient peris miſerablement
dans la Vallée de *Maccureguary*;
qu'aiant tous les Peuples du Païs
pour

pour ennemis, on les avoit inveſti
de tous les côtés, & qu'après avoir
mis le feu aux broſſailles & à l'herbe de la Campagne , on les y avoit
étoufé. „ Il y a , continua t'il , de là où
„ nous ſommes maintenant à *Maccu-*
„ *reguary* quatre journées de chemin.
„ Les *Maccureguarys* ſont les pre-
„ miers *Indiens* de la frontiere des *In-*
„ *cas.* Ils ſont leurs ſujets , & leur Ville
„ eſt extrémement riche. Ils ſont
„ habillés. C'eſt de *Maccureguary*
„ que viennent toutes ces plaques
„ d'or qu'on voit aux habitans de la
„ Côte, & qu'on tranſporte de cô-
„ té & d'autre. C'eſt à *Maccuregu-*
„ *ary* qu'on les fabrique. Mais tout
„ ce qu'on travaille plus avant dans
„ le Païs eſt incomparablement plus
„ beau. On y fait en or toutes ſor-
„ tes d'images d'hommes, de bêtes à
„ quatre pieds, d'oiſeaux , de poiſ-
„ ſons &c." Je lui demandai s'il croioit
qu'il fallut beaucoup de monde pour
prendre la Ville. Il ne repondit rien
de poſitif. Je lui demandai enſuite ſi
je pourrois conter en cette occaſion
ſur le ſecours de ſes *Indiens.* Il me
dit, que tous les Peuples des environs ſe joindroient à moi pour cette

expedition, pourvû que la Riviere
nous la permit, & que je lui laif-
faffe cinquante foldats jufqu'à mon
retour. Je lui repondis que je n'en
avois en tout que cinquante, tout le
refte de mes gens étant des travail-
leurs & des matelots ; que je ne
pouvois point leur laiffer de provifion de bifcuit, de poudre &c, ni des
habits & autres hardes, & que faute de moiens pour fe defendre, ils
feroient toûjours en danger de perir
par les mains de *Efpagnols* qui
chercheroient à fe venger fur eux de
ce que j'avois fait à la *Trinité*.
Les Capitaines *Calfield, Greenvile, Gilbert* & quelques autres paroiffoient
affés difpofés à refter : mais je fuis
affuré qu'ils y auroient tous peri ;
car *Berreo* attendoit tous les jours
du fecours d'*Efpagne* & de la *Nouvelle Grenade*, & avoit déja deux
cent chevaux tout prêts à *Caracas* ;
tandis que je pouvois à peine lui o-
pofer quarante hommes ; encore
étoient ils dénués de poudre, de
plomb, & de tout ce qui leur étoit
neceffaire pour fe retrancher contre
l'ennemi. A toutes ces raifons *Topiawari* repondit, qu'il me prioit donc
de

de le difpenfer pour cette fois de me fournir le fecours de fes *Indiens*, parce qu'il étoit affuré que s'il me donnoit la moindre affiftance, les *Epore-merios* ne manqueroient pas de fe jetter fur fes Terres, & de le faire perir lui & les fiens auffi-tôt que je ferois parti. Il ajouta que les *Efpagnols* vouloient auffi le faire perir comme ils avoient fait perir *Morequito* fon neveu, & qu'il n'avoit pas oublié comment ils l'avoient tenu dans les chaines, & promené ainfi comme un chien, jufqu'à ce qu'il eut paié pour fa rançon cent plaques d'or & quelques *Pedras Huadas*; que depuis qu'il étoit *Cacique*, ils avoient taché plufieurs fois de le furprendre; mais qu'ils ne lui pardonneroient jamais l'alliance qu'il feroit avec nous. Il me dit encore, ,, parce qu'ils n'ont ,, pû jufqu'à prefent me détruire, ,, en excitant mes *Indiens* à fe fou- ,, lever contre moi, ils fe fervent de ,, mon Neveu *Aparacano*, qu'ils ont ,, baptifé fous le nom de Don *Juan*, ,, & fon fils fous celui de *Don Pedro*, ,, pour m'ôter mes terres. Ils les ont ,, habillés & armés à la maniere *Ef-* ,, *pagnole* pour les engager à me fai-
,, re

„ re la guerre. " Il ajouta d'autres raifons, pour me porter à diferer l'expedition jufqu'à l'année fuivante, & qu'en attendant il prepareroit les efprits en notre faveur, outre que la faifon pourroit fe trouver plus favorable pour entreprendre ce grand & pénible voiage.

Le *Topiawari* nous raccontoit encore, que quand les *Eporemerios* lui firent la guerre, ils enleverent ou violerent toutes les femmes & filles de fon Païs. „ Tout ce que nous „ leur demandons, continua t'il, c'eft „ qu'ils nous rendent nos femmes; „ car nous ne nous foucions pas de „ leur or. " Il difoit auffi prefqu'en pleurant „ autrefois nous avions „ jufqu'à dix ou douze femmes, „ maintenant il faut que nous nous „ contentions de trois ou quatre, „ pendant que les *Eporemerios* en ont „ jufqu'à cinquante ou cent." Dans la verité ces peuples fe foucient plus de femmes que d'or, & une partie de l'ambition des *Caciques* confifte à laiffer beaucoup d'enfans après foi, & à fe rendre puiffant par une pofterité nombreufe.

Enfin après avoir pefé & examiné
né

né meurement les raisons, nous con-
clumes qu'il étoit impossible de rien
entreprendre pour cette année contre *Maccureguari*, & de faire la guerre à l'*Ynca* ; quelqu'envie que nous
eussions de tâter de l'or du Païs.
Mais il falloit necessairement repri-
mer cette convoitise, pour ne pas
nous attirer la haine de ces *Indiens* :
ce qui auroit ruiné entierement nos
desseins. Peut-être même se seroient
ils joints aux *Espagnols* contre nous,
lorsqu'ils auroient vû que notre but
étoit aussi de piller. Jusqu'à present
ils ignorent absolument nos vûes, &
le projet que nous faisons de nous
établir dans le Païs pour l'amour de
l'or qu'il produit : cependant je suis
persuadé que dans la suite, quand
ils seront accoutumés avec nous,
ils prefereront notre voisinage à celui des *Espagnols*, qui ont traité
leurs voisins avec toute la cruauté
imaginable. *Topiawari* me remit son fils
pour l'enmener avec moi en *Angleter-*
re, & je lui laissai un Domestique *du*
Capitaine Giffort & un jeune homme
nommé *Goodwin*, parce que l'un &
l'autre me témoignerent avoir envie
de rester parmi ces *Indiens*. Je priai
en-

enfuite *Topiawari* de me dire, qui font
ceux qui fabriquent les plaques d'or,
& comment on le tire des pierres ; à
quoi il me repondit, „ la plus gran-
„ de partie de l'or, dont on fait les
„ plaques & les images, ne fe fepare
„ pas des pierres, mais fe tire du
„ Lac de *Manoa* & de plufieurs Ri-
„ vieres, où on le prend en grains &
„ quelquefois en petits morceaux.
„ Ceux de *Manoa* y ajoutent une
„ portion de cuivre pour le travail-
„ ler.   Voici comment cela fe fait.
„ On prend un grand pot de terre
„ plein de trous, où le cuivre & l'or
„ font mélés enfemble.   On garnit
„ les trous du pot avec des pipes,
„ pendant que le pot eft fur le feu,
„ & l'on y foufle continuellement,
„ jufqu'à ce que le metal foit fondu ;
„ enfuite dequoi on le verfe dans les
„ moules de terre ou de pierre." J'ai
aporté deux figures en or faites
par les *Indiens* de ce Païs là, pour
en faire voir la façon, plutôt que
pour leur valeur: car il m'en a plus
couté que je n'ai reçu, puifque j'ai
regalé plufieurs d'entr'eux de Me-
dailles d'or, où étoit le portrait de
Sa Majefté.

J'ai

J'ai aporté auſſi de la mine d'or, dont il y a quantité en ce quartier là, & que je crois auſſi bonne qu'aucune qu'il y ait au monde : mais, comme je l'ai déja dit, la decouverte que nous en avons faite nous eſt devenue inutile, faute d'Ouvriers & d'inſtrumens, & autres choſes neceſſaires pour ſeparer l'or. Nous avons trouvé quantité d'endroits où l'or & l'argent reluiſoient. Ce n'étoit nullement de la Marcaſſite, mais veritablement ce que les *Eſpagnols* appellent *El Madre de l'oro.*

Après avoir reconnu, autant qu'il me fut poſſible, les Terres des *Canuris* & des *Arromaias*, & reçu les promeſſes reïterées des principaux *Indiens* du Païs, & même en quelque façon leurs homages & les aſſurances qu'ils voulurent bien me donner de faire contre les *Eſpagnols* toute la reſiſtance poſſible, en cas qu'ils vinſſent nous attaquer, ou qu'ils travaillaſſent à ſoulever contre nous les peuples des environs, comme, par exemple, les *Indiens* du Lac de *Caſſipa*, les *Irawaqueris* &c. Après disje tout cela, je pris congé du vieux *Topiawari* & retins auprès

près de moi son fils, en lui laissant de mon côté les deux hommes dont j'ai parlé. Je chargeai *Sparrow* ?, l'un de ces deux hommes, à qui je laissai diverses marchandises, d'aller trafiquer à *Maccureguari*, de reconnoître exactement le Païs, d'examiner la Place & de tacher de penetrer jusqu'à *Manoa*. Ensuite nous levâmes l'ancre & sillames le long des Côtes de la *Guiane*. Nous avions avec nous un *Cacique* nommé *Putima*, & celui de *Warapana*. C'est ce dernier qui avoit massacré les neuf *Espagnols*, dont j'ai parlé, sur les bords de la Riviere de *Charles* ou *Caroli*. Ce *Cacique* de *Warapana* nous pria d'aborder à son Païs, & nous promit de nous conduire à une montagne où la roche, à ce qu'il dit, paroit être est couleur d'or. Nous passames la nuit avec les *Indiens* de *Warapana*, & le matin je me mis en chemin avec les principaux de mes gens, pour aller voir cette Montagne. Nous marchames le long de la Riviere *Mana*, laissant à droite un village d'*Indiens* nommé *Tuteritona* dans la Province de *Taraco*. On trouve au delà vers le Sud, dans la vallée d'*A-ma-*

mariocapana, un autre village de même nom. Cette vallée a pour le
moins foiſſante milles de l'Eſt à
l'Oüeſt, & c'eſt le plus beau Païs
qu'on puiſſe voir. Ce Païs s'étend
le long d'une Riviere fort poiſſon-
neuſe, & l'on y voit auſſi quelques
bois où il y a du gibier. *Irroparoga-
ta* eſt le Seigneur ou *Cacique* de ce
Païs.

De la Riviere de *Mana* nous allames à l'*Occaia*, qui traverſe la Vallée, & nous nous repoſames au
bord d'un Lac qui eſt au millieu
de la Riviere. Comme nous étions
fort mouillés, un de nos guides fit
du feu en frapant deux bâtons l'un
contre l'autre, & nous y féchames
nos hardes. Enſuite nous continuames notre route vers la montagne en queſtion. Nous vimes des
Manatis dans le Lac de l'*Occaia.*
Voiant que nous avions encore
poür une bonne demi-journée de
chemin à aller le long de la Riviere, je donnai ordre au Capitaine *Keymis* de ne pas retourner au port de
Putima qu'on nomme *Chiparepare*,
mais de ſe rendre à la Riviere de *Cumaca*, où je l'attendrois. *Putima*
pro-

promit auffi de le conduire. Le même
jour, nous vimes divers rochers de
couleur d'or, & nous aperçumes à
gauche une Montagne où il paroiffoit
y avoir auffi des Mineraux.

De là nous fuivimes la Côte de
Parino, & lorfque nous fumes arrivés à *Ariaçoa*, où l'*Oronoco* fe partage en trois Rivieres, j'envoia les Capitaines *Thyn* & *Greeuevile* avec la
galere, & je pris avec moi *Calfield*,
& deux autres. Je laiffai enfuite à
Cumaca deux de mes gens pour attendre *Keymis*, ainfi que je le lui avois
promis; & nous continuames notre
route vers *Emeria*.

La Riviere nommée *Cararopana*, qui
eft une de celles que nous paffames
dans nôtre voiage, eft auffi fort a-
greable. On y voit plufieurs petites
Iles de fix, de dix & de vint milles
de longueur. Sur le foir nous arrivames à une autre Riviere, qui fe
jette auffi dans l'*Oronoco* & qu'on appelle *Winecapara*. C'eft aux environs qu'eft la fameufe montagne dont
on nous avoit parlé, mais nous ne
pûmes y aller, à caufe des mauvais
chemins & que la faifon étoit fâ-
cheufe. Nous nous contentames de

la

la voir de loin, & elle nous parut
semblable à une tour blanche & fort
haute. Il y a au haut de la montagne
un torrent fort impetueux, & qui
tombe avec un bruit extraordinaire.
Je ne crois pas que dans l'Univers il
y ait rien de semblable. *Berreo* m'a
compté mille merveilles de la montagne, comme par exemple, qu'on y
trouve des Diamans, & quantité
d'autres pierres, qui brillent même
de fort loin. On en croira ce qu'on
voudra ; car pour moi je le donne
comme je l'ai reçu. Quoiqu'il en
soit, il n'y avoit pas été lui même,
ni personne de ses gens, parce que
les Naturels des environs étoient ses
ennemis jurés, outre qu'il avoit trouvé les chemins impraticables.

Nous nous reposames quelque
peu à la Riviere de *Winacapara*, de
là nous avançames vers les Terres
jusqu'à un village de même nom. Le
Cacique des *Indiens* de ce Village ofrit
aussi de me conduire à la Montagne ;
mais nous nous contentames de nous
rafraichir chez ses *Indiens*, que nous
trouvames se divertissant à boire &
à se saouler, comme des bêtes ; ce
qui leur est fort ordinaire. Après

Tom. II.　　　　L　　　　ce-

cela nous retournames à nos canots,
où tous les *Caciques* des environs nous
vinrent voir avec des provisions de
leurs terres. Ces Provisions consistoient en * vin de *Pinas*, qui est
leur boisson, en poules, gibier &c.
Ils nous aporterent aussi des *Pedras
Huadas*. Le *Cacique* de *Winacapara*
nous aprit que *Carapana* s'étoit en-
fui d'*Emeria* & sauvé à *Cairoma*, du
côté des montagnes de la *Guiane*, au
delà de la vallée d'*Amariocapana*;
parce que les *Espagnols* lui avoient
persuadé que nous étions venus pour
le détruire & pour ruiner son Païs ;
ce qui lui avoit donné l'épouvan-
te.

Cependant lorsque les *Caciques* de
Winacapara & de *Sapocatana* vassaux
de *Carapana* eurent reconnu que
nous ne faisions aucun tort aux *Indiens*, & que nous étions ennemis
des *Espagnols*, sans nuire à ceux
d'entre les Naturels du Païs qui sont
sous leur domination ; ils nous assu-
rerent fort de l'amitié de *Carapana*,
qui jusqu'alors avoit été obligé de
dis-

* Autrement *Quisou*.

diffimuler, à caufe du voifinage des *Efpagnols*, & que fon Païs tout ou-
vert leur donnoit libre paffage pour entrer dans la *Guiane*. Ils ajouterent, que *Carapana* ne s'en étoit fui que pour éviter d'être inquieté des *Efpagnols*, & pour être plus en fureté dans la Province de *Cairoma*, qui eft au pied des montagnes qui fepa-
rent les vallées de la *Guiane* d'avec les *Orenoccoponis*; parce que les *Efpagnols* venant à s'emparer de fes Terres, en traverfant les montagnes il fe trouvoit chez les *Eporemeries*, où les premiers ne pouvoient aller l'attaquer fans de grandes forces. Mais je crois que le vieux *Indien* fe conduifoit ainfi par adreffe, & pour trouver le moien de fe difculper d'une maniere ou d'autre auprés des *Efpagnols*, en leur alleguant que s'il avoit fait quelque chofe en notre faveur, il ne l'avoit fait que par force: étant d'ail-
leurs toûjours à tems de prendre ou-
vertement nôtre parti, au cas que nous revinffions avec des renforts confiderables.

Nous ne jugeames pas à propos d'aller dénicher ce vieux renard, & nous revinmes de *Winacapara*, laif-

fant

fant à l'Eft les quatre Rivieres qui defcendent des Montagnes d'*Emeri-a*, & fe jettent dans l'*Oronoco*, favoir le *Waracapari*, le *Cairama*, l'*Akani-ri*, l'*Iparonia*. Il y a encore là d'autres Rivieres qui fe jettent dans la mer; qui font, l'*Araturi*, l'*Amacuna*, *Barima*, *Wana*, *Maroaca*, *Paroma*, *Winni*. Au delà de celles là & tirant vers l'*Amazone*, il y en a encore quatorze, autour defquelles habitent des *Arwacas* & des *Canibales.*

En retournant vers le Nord & quittant l'*Emeria* nous trouvames la route fort dificile & fort facheufe. La nuit fut fombre & orageufe. Toûjours tonnerres, pluies, éclairs. Au matin nous fumes à l'embouchure de *Cumana*, où nous avions laiffé *Eynes* & *Porter* pour attendre le Capitaine *Keymis*, qui s'en revenoit par terre. Cependant ils n'avoient eu aucune de fes nouvelles : ce qui nous mit fort en peine. Mais le jour fuivant il revint avec *Putima*, ce qui nous fit beaucoup de plaifir. *Putima* nous quitta en pleurant.

Le jour fuivant nous abordames à l'Ile d'*Affipana*, & continuant nôtre

tre route nous trouvames nôtre galere à l'ancre au havre de *Toparimaca.* Nous faisions cent milles par
jour en descendant. Cependant nous
ne pumes jamais retourner par la route que nous avions prise en allant, à
cause du courant de la mer qui porte
vers l'*Amana* : ainsi nous suivimes le
cours du *Capuri.* Enfin nous arrivames à la mer, & nous avions encore le plus dificile à faire. La nuit, é-
tant ancrés à l'embouchure du *Capuri* , qui a là une lieüe de large, la
violence du courant nous obligea
de nous mettre à couvert sous la côte avec nos canots. Nous tirames la
galere aussi prés de terre qu'il nous
fut possible, & malgré toutes ce pré-
cautions nous eumes beaucoup de
peine à nous empécher d'être sub-
mergés. A minuit le tems s'étant
éclairci, nous mimes le yacht en
pleine mer, & laissames la galere à
l'ancre jusqu'à la pointe du jour. Le
jour suivant à neuf heures nous eumes la vüe de la *Trinité*, & nous arrivames enfin à *Curiapan*, où nous re-
trouvames nos vaisseaux.

Je vais donner encore en peu de
mots une description particuliere des

lieux

lieux où nous avons paffé dans nôtre courfe. Etant entrés dans l'*A-
mana*, nous laiffames à droite les *Canibales* qui habitent près des Rivieres
nommées *Guanipa* & *Berefe*, fur la
Baïe qui eft vis à vis de la *Trinité.*
L'*Aroa* fe jette auffi dans cette Baïe.
Les *Wikiris*, qui habitent en ces
quartiers là, ont leur principal village fur la Riviere de *Sayma*. Les trois
Rivieres, qui fe jettent dans cette Baïe,
s'enflent fi fort en hyver, & courent
fi impetueufement dans l'Ocean,
qu'elles ne mêlent leurs eaux aux fie-
nes qu'après y avoir coulé près de
trois lieuës. Sur la Route *de la Guiane*
& dans les Iles qui font autour de l'*Oronoco*, il y a les *Tivitivas*, qui fe di-
vifent en deux Peuples ennemis l'un
de l'autre. Les uns s'appellent *Ciawaris*, les autres *Waraweris*. Plus haut
on a *Toparimaca* & *Winacapara*, où
les *Nepoios* habitent. Ceux-cy font
fujets de *Carapana*, Cacique d'*Emeria.*
Entre *Winacapara* & le Port de *Morequito* dans l'*Aromaia*, on a les *Oronocoponis*, autrefois fujets de *Morequito*,
& maintenant de *Topiawari*. Il y a
les *Canuris* fur la Riviere de *Charles.*
Les *Canuris* ont une femme pour *Ca-*

ci-

cique. Cette femme, qui nous vint voir, me fit plusieurs questions touchant la Reine, & prit plaisir à ce que nous lui en disions.

Les trois puissantes Nations des *Cassipagotos* habitent près du Lac *Cassipa*, vers la source de la Riviere de *Charles.* Dans les Terres au Sud il y a les *Capurepanis*, & les *Empurepanis.* Au delà les *Maccuregnaris*, qui sont les premiers Peuples qu'on trouve sous la domination des *Incas*, & les *Irawaqueris.* Ceux-ci sont ennemis declarés des *Espagnols* & des *Eporemerios.* Allant à l'Oüest de la Riviere de *Charles*, il y a divers *Cannibales* & les *Ewaipanomos*; & tout à fait à l'Oüest on trouve les *Anapaias* & les *Annbas*, Peuples fort riches en or.

Au côté Septentrional de l'*Oronoto* on a les *Wikiris* & les *Saymas*, ennemis jurès des *Espagnols.* Au Sud, à l'embouchure du Fleuve, on a les *Arwacas.* On trouve plus loin des *Cannibales*, & enfin les Peuples qui habitent autour du Fleuve des *Amazones.*

On assure que les *Eporemerios* observent la Religion que les *In-*

cas inftituerent au *Perou*. On peut voir le culte de ceux-ci dans *Pedro de Cieca*; comment ils croient l'im- mortalité de l'ame; les hommage qu'ils rendent au Soleil, leur maniere d'en- fevelir &c.

Les *Orenocoponis* ne fe font pas en- terrer avec leurs femmes; mais ils veulent qu'on enfeveliffe avec eux tout ce qu'ils ont de plus precieux, or, joiaux &c. dans l'efperance que ces chofes leur ferviront en l'autre vie. Les *Arwacas* reduifent en pou- dre les os de leurs *Caciques* & de leurs plus proches Parens, aprés que les chairs en font entierement confumées par la pourriture. Ils avalent dans leur breuvage ces os ainfi reduits en poudre. Les *Efpagnols* trouverent de grandes richeffes dans les tombeaux des *Perouans*, & c'eft affés l'ufage chez les autres Peuples de ces quar- tiers, d'enrichir les tombeaux des morts. Tous ces *Indiens* ont beau- coup de femmes, mais les *Caciques* en ont toûjours plus que les autres. Les femmes ne mangent pas avec leurs maris, ni dans la focieté des hommes: mais l'ufage veut qu'elles fervent leurs maris; aprés quoi el- les

les mangent à leur tour. Les vieilles font le pain & preparent la boisson. Ce sont les femmes qui fabriquent les toiles de coton & les hamacs, & qui font généralement une partie de l'ouvrage de la maison. Pour les hommes, ils vont à la chasse & à la pêche. Ils se divertissent & s'enivrent, lors qu'ils ne vont pas à la guerre.

On assure que l'*Ynca*, qui regne dans la *Guiane*, a fait bâtir en ce Païs là un Palais semblable à ceux que ses Ancêtres avoient autrefois au *Perou*. Ou sait assés la quantité d'or qu'on a trouvé au *Perou*, dans le tems de la conquête de ce vaste Etat; mais cependant je suis convaincu, que le Prince qui regne à *Manoa* en posse-de beaucoup plus qu'il n'y en a dans toutes les *Indes Occidentales*.

Je vais maintenant parler de ce que j'ai vû moi-même. Ceux qui aiment à faire des découvertes trouveront assés dequoi se satisfaire le long du Fleu-ve *Oronoco*, où il se jette tant d'autres Riviere, qui peuvent conduire dans toutes les Terres voisines, qui s'éten-dent depuis l'Est jusqu'à l'Ouëst plus de deux mille miles d'*Angleterre*, &

L 5 de

de Nord à Sud plus de huit cent.
Toutes ces Terres font riches en or
& en marchandifes propres à la traite. Le Soldat, l'Oficier, & le Géneral s'y peuvent tous enrichir; & fi
d'autre côté on veut faire quelqu'attention aux agrémens naturels du
Climat, on y voit quantité de vallées
& de Rivieres, beaucoup de gibier &
de poiffon. Le Païs eft propre à la
culture, & l'air y eft généralement
fort pur. Auffi les gens y vivent ils
fouvent au delà d'un fiécle. Nous y a-
vons toûjours couché fans autre couverture que celle du Ciel, & cependant aucun de mes gens n'y a été malade en tout mon voiage.

Il y a au Sud de la Riviere beaucoup de *Bois de Brefil*, qui, à mon
avis, l'emporte fur celui qui croît
dans les autres lieux de l'*Amerique*.
On y trouve beaucoup de coton,
d'herbe à foie, de Baume & de poivre, diverfes fortes de gommes, du
gingembre &c.

Le trajet n'eft pas des plus longs
ni des plus dangereux, puisqu'il
peut fe faire en fix à fept femaines,
& que l'on n'a pas de mauvais paf-
fages à franchir; tels que font le Canal

nal de *Bahama*, la Mer orageuse des
Bermudes &c. Le tems le plus propre
pour aller à la *Guiane* seroit le mois
de Juillet, afin d'y arriver au commencement de l'été, qui dure à peu
près jusqu'au mois de Mars. Il fau-
droit s'en retourner en May ou en
Juin.

Il faut regarder la *Guiane* comme
un Païs vierge. Personne ne l'a encore touchée. Aucun Prince Chrétien
n'a bien essaïé jusqu'à maintenant de
la conquêrir : mais si l'on batissoit
seulement deux Forts vers la mer à
l'entrée du Païs, il n'y a qui que ce
soit qui osât nous disputer ce riche
terrain. Aucun Vaisseau ne pourroit entrer sans essuier le feu d'un des
Forts. Outre cela les Vaisseaux
chargés n'y sauroient aborder facilement qu'en un seul endroit, & l'on
ne peut aprocher de la Côte qu'a-
vec de petits bateaux & des canots. Il y a sur la Riviere des bois
de deux cent milles pour le moins,
& fort épais. La route de terre est
aussi fort dificile. On a de tous
côtés de hautes montagnes, & les
vivres y sont dificiles à trouver, à

L 6   moins

moins que d'avoir pour amis les Naturels du Païs. C'est-ce que les *Espagnols* ont toûjours éprouvé avec perte, quoiqu'ils aient été tentés souvent de conquerir les vastes Regions de la *Guiane*.

Enfin je suis persuadé que la Conquête de la *Guiane* agrandira extrémement le Prince qui aura le bonheur de la faire , & que l'on en pourra tirer des forces & des richesses assés considérables pour contrebalancer celles de l'*Espagne*. Si ce bonheur nous arrive un jour, je ne doute pas que la Chambre de la *Contractation* , que l'on établira à *Londres* pour la *Guiane*, n'égale bientôt celle que les *Espagnols* ont à *Seville* pour leurs Conquêtes des *Indes Occidentales*.

D I-

DIVERS

Témoignages des *Espagnols* touchant la *Guiane.*

Lettre écrite de la *Grande Canarie*, par Don Alonso *à quelques Negocians de* Saint Lucar.

IL n'y a aucune nouvelle considérable, que celle qu'on débite de la decouverte du *Nuevo Dorado*, à deux journées de navigation de la *Marguerite.* On n'a jamais entendu parler d'une aussi grande quantité d'or qu'est celle qui se trouve en ce Païs là. Nous savons de bonne part que ceux qui écrivent cela à leurs parens d'ici ont été eux mêmes sur les lieux. Lors que je ferai le voiage de *Carthagene*, j'ai resolu d'employer quelque tems à faire celui d'*El Dorado*, dans l'esperance d'y faire de gros profits. Voici une partie de ce qu'on en écrit à Sa Majesté.

„ A la Riviere de *Pato* le 23. Avril „ 1593. En presence de moi *Rodri-*

„ *guez*

„ *guez* de *Carança* Secretaire de Ma-
„ rine, *Domingo* de *Vera*, Lieutenant
„ pour *Antonio* de *Berreo*, fit affembler
„ fes foldats & les aiant fait mettre
„ en ordre de Bataille, il leur parla
„ de la forte.

Vous favés tous, Meffieurs, les foins que Don Antonio de Berreo, nôtre Général s'eft donné, & les dépenfes qu'il a faites depuis onfe ans, pour découvrir le puiffant Etat de la Guiane & d'El Dorado. Vous n'ignorés pas les peines extraordinaires qu'il lui a falu prendre pour cette illuftre découverte. Cependant le défaut de provifions & le mauvais état de fes gens a rendu les peines & les dépenfes prefqu'inutiles. Maintenant il me charge de faire de nouvelles tentatives; & pour cet efet je dois prendre poffeffion de la Guiane au nom de Sa Majefté & de nôtre Général Don Antonio de Berreo. Vous, François Carillo, je vous charge de relever cette Croix qui eft à terre. Qu'elle foit enfuite tournée vers l'Orient. Après cela le Lieutenant, tous les Oficiers & les foldats s'agenouillerent devant cette Croix & adorerent. La prière étant faite, Domingo de Vera, prit une

taf-

taſſe pleine d'eau, la but; en prit une ſeconde & la jetta à terre auſſi loin qu'il pût. Il tira enſuite ſon épée, & coupant l'herbe qui étoit autour de lui & quelques branches des arbres de la Campagne, il dit; „ Au nom de
„ Dieu je prens poſſeſſion de cette
„ Terre pour Sa Majeſté Don Phili-
„ pe nôtre Souverain Seigneur. ”
Après cela on ſe remit à genoux, & tous les Oficiers & ſoldats &c repondirent qu'ils défendroient cette poſſeſſion juſqu'à la derniere goute de leur ſang. Alors Domingo de Vera *s'adreſſa à moi l'épée nue dans la main, & m'ordonna de lui donner Acte & témoignage de cette priſe de poſſeſſion, & de declarer que tous ceux qui ſe trouvent ici préſens en ſont témoins.*

Signé.

Domingo de Vera
par moi Secretaire.

Rodriquez de Carança.

„ Après cela le Lieutenant *Domin-*
„ go de *Vera* pénetra deux lieuës plus
„ avant dans le Païs juſqu'au vil-
„ lage d'un *Cacique.* On lui fit dire
„ par nôtre Interprete *Antonio Bi-*
„ *zan*

„ *zante*, qu'on s'étoit mis en posses-
„ fion du Païs au nom de S. M. Il re-
„ pondit qu'il vouloit bien se faire
„ Chrétien, & permettre que la Croix
„ fut élevée dans ses Terres &c.

„ Le 1. *Mai* on arriva à *Carapana*
„ & de là on alla à *Toraco*, qui est cinq
„ lieuës plus loin. *Topigwari* est *Cacique*
„ de *Toraco*. On lui dit par l'Interpre-
„ te les mêmes choses qu'on avoit
„ dites au premier *Cacique*, & on
„ lui demanda qu'il permit d'arborer
„ la Croix dans son Païs ; à quoi il
„ se soumit aussi.

„ Le 4. Nous arrivames dans un
„ Païs fort peuplé. Le *Cacique* de
„ ce Païs vint au devant de nous,
„ & nous reçut chez lui avec toute
„ l'amitié possible. Après nous avoir
„ bien traité dans sa maison, il nous re-
„ gala de quantité d'or. L'Interpre-
„ te lui demanda d'où il avoit cet
„ or. Ils répondit, *d'une Province*
„ *qui est à une journée de nous*, &
„ ajouta que les *Indiens* en ont au-
„ tant qu'il en pourroit tenir dans
„ la Vallée où lui *Cacique* parloit. Ces
„ gens ont accoutumé de s'oindre
„ le corps avec une espece de suc ou
„ d'essence qu'ils tirent de certaines
„ herbes. Ensuite ils prennent de
„ la

„ la poudre d'or & s'en poudrent
„ par tout le corps. Ils ofrirent de
„ nous conduire chez ces *Indiens*;
„ mais ils nous avertirent aupara-
„ vant, qu'ils étoient extraordinaire-
„ ment nombreux, & qu'il étoit bien
„ sur qu'ils nous feroient tous perir.
„ Nous leur demandames qu'ils
„ nous apriſſent de quelle maniere
„ ces Peuples trouvent l'or ; & ils
„ nous repondirent, qu'ils vont dans
„ une certaine vallée, où ils creuſent
„ la terre, enlevant même l'herbe avec
„ la racine. Ils mettent cette terre dans
„ de grans vaiſſeaux faits exprès,
„ qu'ils portent à la Riviere, où ils la-
„ vent la terre, & en tirent ainſi l'or.
„ Le 8. Nous fimes plus de ſix
„ lieuës. Nous trouvames au pied
„ d'une montagne un *Cacique* avec
„ trois mille *Indiens*, tant hommes que
„ femmes. Ces gens avoient avec
„ eux beaucoup de vivres, entr'au-
„ tres des poules qu'ils nous ofrirent,
„ en nous priant de nous rendre à leur
„ Village qui conſiſte en cinq cent
„ maiſons. Le *Cacique* nous dit qu'ils
„ tiròient leurs poules d'une mon-
„ tagne extrémement peuplée , qui
„ eſt à un quart de lieüe de leurs Ter-
„ res.

„ res. Il ajouta qu'ils poſſedent quan-
„ tité d'or, qu'ils portent de gran-
„ des plaques d'or ſur l'eſtomac,
„ qu'ils ont des perles & des joiaux
„ aux oreilles ; enfin qu'ils ſont cou-
„ verts d'or.

„ *L'Indien* ajouta, que ſi nous vou-
„ lions lui donner quelques coignées,
„ il nous aporteroit des plaques d'or
„ en échange. On ne lui en donna
„ qu'une, afin qu'il ne remarquât en
„ nous aucune avidité pour ce me-
„ tal. Il nous aporta pour retour de
„ cette coignée une piece d'or du
„ poids de vint cinq livres. Le Lieu-
„ tenant *Domingo de Vera* montra
„ cette piece à ſes ſoldats, & la jetta
„ enſuite à terre, comme pour té-
„ moigner qu'il n'en faiſoit aucun
„ cas. Enſuite un *Indien* vint nous
„ trouver à minuit, & nous avertit
„ que les Naturels du Païs étoient
„ en campagne pour nous tuer.
„ *Domingo de Vera* nous fit alors
„ marcher en ordre de Bataille.

„ Le 11. Nous fimes ſept lieûes &
„ arrivames à une Province, où
„ nous trouvames un peuple aſſés
„ nombreux de gens habiſſés. Ils
„ nous dirent, que ſi nous venions
„ en

,, en ennemis , la vallée alloit être
,, pleine de troupes prêtes à comba-
,, tre au premier signal. Mais que si
,, nous venions en amis , nous se-
,, rions les bien venus, & qu'ils a-
,, voient grande envie de voir des
,, Chrêtiens. La place me manque
,, pour achever cette Relation, & je
,, renvoie le reste à de plus amples
,, informations qui seront présentées
,, à Sa Majesté.

RAPORT

DE

DOMINGO MARTINEZ,

Touchant la Ville de MANOA EL
DORADO.

IL dit qu'étant à *Carthagene*, on ne
s'entretenoit que de la découverte de *Dorado* , & qu'un peu avant son
retour de ce Païs là , il étoit arrivé
de *Dorado* à *Carthagene* une Fregate
qui portoit une figure gigantesque
d'or massif, du poids de quarante sept
quintaux, que les *Indiens* regardoient
com-

comme leur Divinité, & à laquelle ils renonçoient entierement, parce qu'ils étoient resolus d'embraſſer le Chriſtianiſme & de ſe ſoumettre au Roi d'*Eſpagne*. Tous ceux de la Fregate aſſurerent unanimement que ce Païs de *Dorado* renferme des richeſſes immenſes.

R A P O R T,

De quelques *Negocians de* Rio de la Hache.

LA Nouvelle *Grenade* eſt fort abondante en or : mais depuis peu on a trouvé le *Nuevo Dorado*, qui renferme une quantité immenſe d'or & de richeſſes. Il faut ajouter à cela le raport d'un Oficier *Eſpagnol*, qui ſervoit ſous *Berreò*, lors qu'il entreprit la découverte du *Nuevo Dorado*.

Toutes les informations, dit il, qu'on a envoiées au Roi ſont très veritables. Le Fleuve *Oronócco* a ſept embouchures, qu'on nomme *las ſiette bocas del Drago*. Ce Fleuve eſt extrémement large en pluſieurs endroits &c.

RE-

RELATION

DE LA

GUIANE,

Traduite de L'Anglois du Capitaine
KEYMIS.

L E 26. Janvier, 1596. nous partimes de la Rade de *Portland,*
Nôtre Vaiſſeau fit voile de conſerve
avec une pinaſſe que nous perdimes
en mer par la tempête. Le 3. Fevrier, nous arrivames à la hauteur
des *Canaries.* De là nous fimes voiles au Sud & au Sud-Ouëſt vers les
Iles du *Cap Verd,* d'où nous primes
nôtre route Sud-Ouëſt quart à
l'Ouëſt.

Le premier lieu où nous ancrames
au Continent de l'*Amerique* fut à
l'embouchure de l'*Arrowaria.* Cette grande Riviere eſt à 1. Degré 40.
minutes. Nous ne trouvames point
d'habitans à la côte, & nous ſilla-
mes ſans la perdre aucunement de
vue. Au Nord de cette Baïe nous
vi-

vimes deux hautes Montagnes. Plufieurs Rivieres fe jettent dans la Mer
tout le long de la Côte au Nord &
au Nord-Ouëft. Nous ancrames
près de ces montagnes & y fimes
provifion d'eau fraiche : après quoi
laiffant le vaiffeau à l'ancre, je me
mis dans le bot avec huit ou neuf de
mes gens & mon Interprete *Indien* ,
pour aller reconnoître les Rivieres ,
& voir d'entrer en quelque liaifon
avec les Naturels du Païs. Nous
trouvames à la Riviere de *Wiapoko*
vint ou trente maifons inhabitées, &
nous y reftames une nuit. De là nous
paffames *Wanari* fans y mouiller, parce que l'entrée eft un fond de roche,
& qu'il y a peu de profondeur. Nous
fimes quarante milles dans celle de
Caperwaka , fans y trouver aucun
habitant; mais nous trouvames près
d'une montagne quantité de *Bois de
Brefil* & nous en chargeames le bot.
Nous y trouvames auffi un arbre qui
me parut une efpece de *Canelier* , tel
qu'on en trouve au Détroit de *Magellan*. De la Riviere de *Caperwaka*
nous fillames vers *Cawe*, & nous rencontrames un canot avec deux *Indiens*, qui du premier abord s'enfuirent,

rent, nous prenant pour des *Espagnols* : mais lorſque nous leur eumes dit par l'Interprete qui nous étions, ils vinrent à nous & nous menerent à leur *Cacique*, qui nous reçut gracieuſement, & nous aprit comment il avoit été chaſſé lui & ſes *Indiens* par les *Eſpagnols* de *Moruga*, Riviere voiſine de l'*Oronocco*, après avoir brulé ſon village ; qu'enſuite ils avoient donné ſon Païs aux *Arwacas*, qui ſont une Nation errante. Il me dit qu'il étoit de la Nation des *Jaos* peuple puiſſant & maitre de cette côte juſqu'à la *Trinité* ; qu'ils avoient reſolu de changer entierement de demeure, & d'aller habiter près de l'*Amazone*, pour ſe delivrer de la violence des *Eſpagnols*. Le *Cacique* nous donna un vieux pilote, pour nous mener à l'*Oronocco* & nous ófrit de l'*Urapo* ou *Bois de Breſil*, mais je le remerciai, m'étant contenté d'en avoir chargé le bot : & même cette charge ne nous fit aucun profit, car la tempête nous obligea de la jetter à la mer, avant que d'avoir pû aborder nôtre Vaiſſeau ; trop heureux encore d'avoir pû ſauver nôtre vie. Mon Pilote m'aprit que les

ora-

orages font ordinaires autour de l'Ile
d'*Oneario*, qui eſt à 6 lieuës de la
Riviere de *Caperwaka*: à cauſe de
quoi les *Indiens* croient que les mauvais eſprits y habitent, & que ceux
qui s'endorment là pendant le jour,
après avoir bû, ou autrement, meurent
ſans aucune remiſſion. Le tems auquel la navigation eſt la moins mauvaiſe en ce parage c'eſt à nôtre ſol-
ſtice d'hiver. Le vent qui regne le
plus frequemment à cette côte c'eſt
le Nord, mais qui tient un peu de
l'Eſt. Quand le Soleil eſt en deça
de la Ligne, il eſt aſſés ſouvent au
Sud, principalement la nuit.

Les *Jaos* ont la coutume bizarre
de ſe faire des balafres au viſage &
ſur le corps. Ils prennent pour cela
une des dens d'un petit animal
ſemblable à un rat, & s'en marquent
le viſage, à peu près de la façon
qu'un graveur conduit ſon burin
ſur le cuivre.

Les *Sebaios* habitent dans l'Ile de
Gowateri. On trouve dans la Baïe
au coté de l'Oüeſt de fort bonnes
rades ſous de petites Iles, & beaucoup de poiſſon, d'Oiſeaux, de
fruits, de gibier &c. ſur tout à l'endroit

droit où la *Caiane* se jette dans la mer. Je n'ai pas trouvé de meilleurs ports en toute la côte. Au delà des Montagnes on trouve beaucoup de *Bois de Bresil*, de coton, de poivre, d'herbe à soie, d'arbres qui produisent le baume. Il y a beaucoup de Racines de *Wiapassa*, dont le gout aproche de celui du gingembre, & qui sont excellentes contre les maux de tête & le cours de ventre. Toutes les Rivieres de cette côte & celles des environs de l'*Oronocco* viennent des vallées de la *Guiane*. On en verra les noms à la fin de cette Relation. Celle d'*Amana* est une des plus rapides & peut porter à son embouchure des Vaisseaux chargés. *Les* habitans de vers l'Est ne vont pas au delà de *Berbice* pour faire leurs traites. On cueille beaucoup de miel au-dessus de *Curitini.* Les *Espagnols* n'ont pas été au delà d'*Issequebe.* Les Naturels des environs appellent cette Riviere la sœur de l'*Oronocco*, parce qu'elle est fort grande & qu'il y a plusieurs Iles à son embouchure. Ils la remontent en vint jours. Après cela ils portent leurs provisions. Au retour ils vont

reprendre leurs canots pour les porter vers le Lac que les *Jaos* nomment *Rapanowini* & les *Canibales Parime*. Les Naturels du Païs difent
que ce Lac eft fi grand, qu'il ne
difere aucunement d'avec la mer.
C'eft là qu'eft *Manoa*.

Les Efpagnols avoient refolu de
bâtir une Ville fur cette Riviere dont
j'ai parlé: mais ceux-ci n'étoient pas
des gens de *Berreo*. Ils étoient de
la *Marguerite* & de *Caracas*. Saint
Jagho les commandoit, & cela lui
attira la colere de *Berreo* & la perte
de fa liberté. Voici l'hiftoire de *St.
Jagho*.

Après les mauvais fuccés de *Berreo* dans l'entreprife qu'il avoit faite
contre la *Guiane*, les deux Gouverneurs de *Caracas* & de la *Marguerite*
refolurent de ruiner *Berreo* dans l'e-
fprit du Roi d'*Efpagne* & de fe faire
enfuite charger du foin de la découverte de la *Guiane*. Ils envoierent au
Roi des gens de leur parti pour infinuer à Sa Majefté, que *Berreo* n'étoit
pas propre pour executer ce deffein, & qu'étant vieux il ne penfoit
plus qu'à fes plaifirs; que cette entreprife demandoit un homme detê-
te

té & de main. Ils ajouterent qu'un *Anglois* de diſtinction, (c'étoit le Chevalier *Raleigh*) avoit déja fait divers progrés dans le Païs, & qu'il y avoit aparence qu'aiant eu occaſion de connoître dans ſon voiage les richeſſes de la *Guiane*, ſa nation n'en demeureroit pas là, & metroit au contraire tout en œuvre pour conquerir le Païs : mais que les *Anglois* n'étoient pas en état de ſoutenir cette entrepriſe contre les forces de Sa Majeſté. Ils inſinuerent qu'il falloit ôter le commandement à *Berreo* & recevoir l'ofre qu'ils faiſoient de leurs ſervices en cette occaſion. Cependant *Domingo* de *Vera*, Lieutenant de *Berreo*, arriva avec quantité d'or, qu'il aportoit pour faire du monde. Celui-ci retablit *Berreo* dans l'eſprit du Roi, & fit en ſorte qu'on lui accorda dix vaiſſeaux & toutes les proviſions neceſſaires pour ſoutenir les deſſeins de *Berreo*. Sa Majeſté ordonna même que dix huit de ſes Vaiſſeaux reſtaſſent à la *Trinité*, juſqu'à ce que l'Ile fut entierement netoiée d'ennemis.

Les Gouverneurs de *Caracas* &
de

de la *Marguerite* n'attendirent pas le
retour de ceux qu'ils avoient envoié au Roi, pour dépoffeder &
détruire *Berreo*. Celui-ci leur é-
chapa & fe fauva vers la Riviere
de *Charles*, en attendant qu'*Antonio*
de *Ximenés* lui envoiât quelque fecours de la *Nouvelle Grenade*: mais
l'arrivée des dix huit vaiffeaux à la
Trinité retablit *Berreo* & rompit les
mefures des rebelles. *St. Jagho* fut
arrété prifonnier, & fes gens fe di-
fperferent de côté & d'autre. Les
dix-huit Vaiffeaux partirent enfuite
de la *Trinité* & dix autres refterent à
Concarabia pour nous furprendre.
C'eft là le raport qu'un *Indien* me
fit.

Le 6. Avril nous ancrames à l'embouchure de l'*Oronoco*, après avoir
emploié 23. jours à reconnoître les
côtes. Nous ancrames la premiere
nuit fur 10. braffes. Le jour fuivant deux canots nous aporterent
des provifions. Ces canots étoient
commandés par deux *Caciques* ennemis des *Efpagnols*, qui leur avoient
enlevé plufieurs de leurs femmes;
car tout Chrétiens qu'ils font, il y
en a plufieurs parmi eux qui ont jufqu'à

qu'à dix ou douze Concubines ;
mais pourvû que la maison soit ornée
par tout de Croix & de chapelets, ils
se persuadent que les Concubines ne
les empêcheront pas d'aller droit au
Ciel. Je m'informai des *Caciques* touchant l'état des afaires & ils me de-
mandérent à leur tour l'état de mes
forces & si je n'étois venu qu'avec
un vaisseau : à quoi je repondis que
j'étois venu pour faire traite , mais
qu'à notre retour en *Angleterre* toute la flote mettroit à la voile ; que
cependant je les aiderois de toutes
mes forces en ce qui seroit le plus
pressé. Alors un des principaux *Indiens* me fit cracher dans la main
droite , pour signe de l'amitié que
nous allions lier ensemble ; après cela il envoia un de ses canots pour en
amener vint qui étoient plus loin, &
envoia l'autre annoncer nôtre arrivée. Aussitôt après ces *Indiens* as-
semblerent leurs gens, firent des feux,
& se mirent dans leurs *Hamacs*, où
ils se raccontoient entr'eux les beaux
faits de leurs ancêtres , maudissant &
défiant leurs ennemis , élevant au
contraire leurs amis & leurs alliés,
auxquels ils donnerent les titres les

plus

plus magnifiques qu'il leur fût possible de trouver. Deux heures se passerent ainsi à racconter leurs prouesses & à fumer du tabac ; car la pipe fait leurs passetems, jusqu'à ce qu'il soit heure d'aller au Conseil.

Un des *Caciques* m'aprit que le Païs où *Maccureguari* est située s'apelle *Muchikeri*. Cette Ville de *Maccureguari* est la premiere de la *Guiane*. Elle est dans une belle vallée, près de hautes montagnes qui s'étendent au Nord-Ouëst. Il y a six lieuës de *Carapana* à cette Ville, & *Manoa* est à six journées plus loin. Ils prennent la route des *Irawakeris* le long de la Riviere d'*Amacur* ; cette route étant plus commode, bien qu'elle ne soit pas la plus courte ; car celle de *Carapana* est plus dificile à cause des montagnes. Les *Cassanares*, peuple habillé, habitent aux environs des lieux où l'*Oronocea* prend son nom, & s'étendent fort avant dans le Païs. Leurs limites vont jusqu'au Lac de *Parime*. Le *Marcawino* traverse les terres & se jette dans l'*Oronocco*. *Manoa* est à vint journées de l'embouchure du *Weapoko*, à 16. de *Barima*, à 13. d'*Amacur*, à 10. d'*Aratori*. La meilleu-

leure route pour aller à *Manoa* n'eſt
pas par *Maccureguari*, à cauſe des
mauvais chemins qu'on y trouve.
Les *Caribes* qui demeurent vers le
haut de l'*Oronoque* connoiſſent fort
bien les autres Naturels du Païs &
parlent le même languaage que nôtre
Interprete. Tout ce que je viens de
dire eſt dans les propres termes du
Cacique, qui me confirma le raport
qu'on nous avoit fait des hommes
ſans tête & qui ont la bouche ſur la
poitrine. (*La fable de ces Acephales
eſt fondée ſur ce que ces Peuples ſe font
par artifice des épaules extrémement
hautes, mettant au rang des beautés
du corps cette taille bizarre & diforme*)
Ces Acephales prétendus s'appellent
en langue *Caribe Chiparemias*, & en
celle de la *Guiane Entapanomas*. Je
n'oſe preſque pas raporter ce qu'il
me dit de certains autres *Caribes*,
qu'ils ont la tête fort longue & preſque ſemblable à celle d'un Chien,
qu'ils ſe tiennent le jour dans la mer,
comme les Amphibies, & n'en ſortent
que la nuit. Je n'ai garde d'exiger
que le Lecteur ajoute foi à de ſemblables recits. Il me parla auſſi d'u-
ne Riviere, qu'il me nomma *Cavioma*,

qui

qui eſt près de l'*Aratori*. Il me dit
que les Montagnes de *Cuepyn*, aux
environs deſquelles on trouve les habitations de *Carapana*, ſont inaccef-
ſibles, que les *Amapagotos* ont des images ou ſtatues d'or maſſif d'une grandeur preſqu'énorme, qu'ils habitent
ſur la Riviere de *Charles*, à cinq journées de chemin.

Nous aprimes près du port de *Carapana*, que dix *Eſpagnols* étoient al-
les à *Bartma* avec des Marchandiſes,
& qu'on les avoit tous maſſacrés.
Après cela vous fimes voile du côté de *Topiawari*. Il y a au millieu de
la Riviere près de l'embouchure de
celle de *Charles* une Ile élevée. Un
certain Indien vint à nous en cet endroit là, plutôt pour épier nos forces que par aucune afection pour
nous ; quoi qu'il afectât de nous
donner des avis ſur les grandes forces des *Eſpagnols*. La verité eſt qu'il
venoit tacher de découvrir nôtre é-
tat. A force de menaces & de promeſſes nous lui fimes avouer la verité. Après avoir paſſé deux jour là,
je reſolus d'aller chercher *Putima*
dans les montagnes, & je fis vint
miles en ſix heures, deſcendant toûjours

jours la Riviere. Le jour suivant
j'allai à terre avec quelques uns de
mes gens pour voir de troquer aux
Indiens des haches & des couteaux
pour de l'or: mais il n'y eut pas
moien de faire traite, parce qu'ils
s'étoient sauvés, nous prenant sans
doute pour des *Espagnols.* Mon Pilote
Gilbert offrit de me conduire à une
certaine mine d'or que *Putima* lui
avoit montrée, à une journée de chemin du lieu où nous étions à l'ancre.
Je vis de loin la montagne près de
laquelle est la mine, & je ne crois pas
qu'elle fut à quinze miles: Quoiqu'il
en soit mon *Indien* me dit comment
on prend l'or dans les sables de la
Riviere nommée *Macawini*, qui a sa
source dans le rocher où est cette
mine. Il me raconta aussi, qu'il é-
toit avec *Putima*, lorsque les *Espagnols* firent perir *Morequito*; qu'on a-
voit resolu de racheter par la découverte de cette mine la vie de ce *Cacique*, mais que l'on considera que
ce moien seroit inutile pour sauver le
captif, & avanceroit seulement la perte de tout le Païs. Ainsi elle demeure cachée jusqu'à maintenant, &
même les principaux d'entre ces *In-*

diens la cachent au Peuple, & publient qu'un Dragon énorme devore ceux qui malheureufement viennent à s'égarer aux environs du rocher qui renferme cette riche mine. Nôtre guide nous affura qu'à notre retour il s'ofroit d'aprivoifer le dragon, pourvû qu'on lui donnât du vin. J'aurois voulu avoir une connoiffance plus particuliere de cette montagne, à caufe que je ne tirois d'ailleurs que fort peu de fruit de ce voiage pénible : Mais la fituation de nos afaires me rendit la chofe impoffible.

Pendant que nous étions à terre, les gens du bot prirent un canot où il y avoit trois hommes, dont un étoit domeftique de *Berreo*. J'apris diverfes particularités par ce moien, entr'autres qu'il vouloit peupler d'Arwacas l'Ile de la *Trinité* & tranfplanter les Naturels de cette Ile parmi les *Caffanaras* ; qu'il travailloit à entretenir une éternelle inimitié entre ces diferens Peuples; que *Topiawari* étoit mort, & que *Goodwin* avoit été devoré par un tigre, &c.

En remontant la Riviere, nous paffames devant *Toparimaca*. Lorfque

que nous fûmes près du Port de *Ca-rapana*, celui-ci nous envoia cinq
ou six canots, & nous promit de se
rendre auprès de nous le jour suivant. Nous l'attendîmes inutilement
cinq ou six jours, & à la fin il nous
envoia un de ses *Indiens* pour nous
dire qu'étant vieux, infirme & sans
forces, il nous prioit de l'excuser;
outre que sans cela même les mauvais
chemins l'empêcheroient de venir.
Ce messager nous aprit assés bien la
disposition des Peuples voisins à l'é-
gard des *Espagnols*, & nous fit voir
qu'ils ne pouvoient proprement
compter que sur l'amitié des *Arwacas*, peuple, suivant l'*Indien*, peu nombreux; que les *Caribes* de *Guanipa*,
une partie des *Tinnitivas* & tous les
autres Peuples, tant voisins qu'éloignés, se trouvoient disposés à se sou-
lever contre l'Espagnol, & que les
Pariagotos, par les terres desquels
l'Ennemi feroit obligé de passer, é-
toient assés puissans pour leur resis-
ter. Les *Indiens* s'imaginent que ces
derniers sont grans forciers & ont le
secret de se rendre invulnerables.
On trouve chez eux des pierres blanches d'une si grande dureté, qu'il

M 6   est

est impossible de les rompre ; & les
Indiens disent que ces *Pariagotos* se
rendent invulnerables en mangeant
ces pierres. Il me racconta ensuite
comment les *Irawaqueris* ont laissé
croitre l'herbe de leurs campagnes
depuis trois années, dans le dessein
d'y mettrre le feu dès que les *Espagnols* entreront dans le Païs, & il a-
jouta que l'*Ynca* avoit levé une Armée d'*Eporemerios* pour garder les
frontiéres de ses Etats, & que ses
troupes campoient actuellement au
Sud des Montagnes, à une journée
des *Espagnols*.

Comme nous étions ancrés à une
journée de *Carapana*, je projettois
de l'aller trouver ; mais l'*Indien* nous
fit considerer que dans l'état où les
choses étoient, si les *Espagnols* en a-
voient connoissance, ils attaque-
roient *Carapana* comme leur ennemi
declaré. Ainsi je ne jugeai pas à
propos de m'arrester là plus long-
tems. Avant que de partir, un *Cacique* des *Cyawannas*, qui habitent aux
environs de la *Trinité* à la Riviere *A-
rawano*, vint me trouver avec quin-
se Canots pour se joindre à nous.
Ces *Cyawannas* habitoient auparavant

vant à *Macureo*, où les *Espagnols* vinrent les furprendre & attaquer dans la nuit, leur tuerent vint ou trente hommes & brulerent leurs habitations, parce que ces *Cyawannas* ne leur vouloient pas troquer de l'or. Avant que de partir j'envoiai à *Carapana* un prefent de fer. Nous demeurames enfuite huit jours à defcendre la Riviere, que nous voulumes apeller *Raleana*, du nom du Chevalier *Raleigh*, le premier de nos *Anglois* qui l'a remontée. La pinaffe avec laquelle nous devions faire voiles de conferve, & que nous avions perdue fur les côtes d'*Angleterre*, nous rejoignit à l'embouchure de la Riviere. Elle avoit rodé autour de trois ou quatre femaines fur la côte.

Je dois dire à l'égard de ces Peuples, qu'ils ne font point du tout méchans ; qnand on leur temoigne de l'amitié, ils en ont de la reconnoiffance ; mais ils ne foufrent point patiemment les injures qu'on leur fait, & s'en vangent auffi-tôt qu'ils en trouvent l'occafion.

Nous primes toutes les provifions de la pinaffe & la brulames enfuite,

M 7   par-

parce qu'elle ne nous pouvoit plus
servir; ensuite nous fimes voiles du
côté de l'Ile de *Tabaco*. Cette Ile
est très bonne. De *Tabaco* nous allames vers *Punto-Gallero*, & ancrames sur dix brasses au Nord de l'Ile
& à cinq ou six miles de *Punto-Gallero*. Nous tirames un coup de canon & ramames vers la terre, mais
il ne parut aucun *Indien*. De là nous
sillames vers *Sainte Lucie* & *Saint Vincent*, & arrivames ensuite à la *Do-
minica*. Nous sillames après cela au
Nord-Est pour retourner en *Angleterre*.

Ma Relation seroit imparfaite, si je
ne donnois ici en abregé l'état des
Peuples & des Païs de la *Guiane* ou des
environs que j'ai visités dans mon voiage.

RIVIERES.	PEUPLES.
1 *Arrowari* gran-de Riviere.	{ *Arwaes.* *Pararwaes.* *Caribes.* Tous ces peuples habitent autour de l'*Arro- wari.*
2 *Iwaricopo*, très grande.	{ *Mapurwanas.* *Jaos.*

3 *Mai-*

Noms des RIVIERES.	Noms des PEUPLES.
3 *Maipari.* grande.	*Apricari.*
4 *Caypurog*, grande.	*Aricurri.*
5 *Arcoa* grande.	*Marowanas.*
6 *Wiacopo* gran-de.	*Coonoracki.* *Wacacoa.* *Waricaco.*
7 *Wanari.*	
8 *Capurwac.* grande.	*Caribes.*
9 *Cawo.* grande.	*Jaos.*
10 *Wia.* grande.	*Maworias.*
11 *Caiane.* grande	*Wiacas.*
Gowateria.	Ile, on y a les *Se-baios.*
12 *Macuria.*	on y a les *Piraos.*
13 *Cawroora.*	
14 *Mamanuri*	on y a les *Ipaios.*
15 *Curari.*	on y a les *Sebaios.*
16 *Curaſſamini*	mêmes *Indiens.*
17 *Cumanama.*	les *Jaos* & les *Arwacas.*
18 *Uracco.*	les mêmes.
19 *Moraga.*	les mêmes.
20 *Mawarpari.*	les mêmes.

21 A

Noms des RIVIERES.	Noms des PEUPLES.
21 *Amana.* gran- de Riviere.	les *Caribes.*
22 *Capaleppo.*	
23 *Marawini.*	on y a le *Parasos-tos.*
24 *Owcowi.*	
25 *Wiawiami.*	
26 *Aramatapo.*	
27 *Wiapo.*	
28 *Macuruma.*	
29 *Vracco.*	
30 *Carapi.*	
31 *Charimawini.*	on y a les *Curipinis.*
32 *Eurowto.*	on y a les *Apotomos*
33 *Pawro.*	on y a les *Arwacas.*
34 *Suriname.*	on y a des *Indiens.* nommés *Caribines*
35 *Shurama.*	les mêmes.
36 *Cupana.*	les *Arwacas.*
37 *Wioma.*	
38 *Cuswini*	on y a les *Nequeris.*
39 *Ivana.*	
40 *Curitimi,* gran- de Riviere.	on y a les *Charibi-nis.* les *Arwacas.*
41 *Winiwari.*	les *Parawinis.*
42 *Berbice.*	on y a les *Arwacas,*

43 *Wa-*

Noms des R I V I E R E S.	Noms des P E U P L E S.
43 *Wapari.*	les *Sebaios* & les *Arwacas.*
44 *Waicawini.*	on y a les *Panipis.*
45 *Mahawaica.*	on y a les *Arwacas.*
46 *Lemerare.*	on y a les *Wacavaios.*
47 *Iſſequebe.* très grande Riv.	on y a les *Jaos,* *Sebaios.*
	Arwacas.
Matooroni.	*Caribes.*
Ccowini.	*Maripis.*
Chipanama.	*Wacowaios.*
Arawana.	*Irawaqueris* &c.
Itorebece.	
48 *Pawraoma.*	on y a les *Jaos.*
Aripacoio.	les *Panipis* &c.
Ecawini.	
Manutiwini.	
49 *Moruga,* grande Riviere.	on y a les *Jaos.*
Piara.	les *Arwacas* &c.
Chaimeragoro.	
50 *Waini,* grande Riviere.	on y a les *Caribes.*
51 *Barima,* grande Riviere.	les mêmes. & les *Arwacas.*
Caitooma.	

Awo-

Noms des
RIVIERES.

Awoca.

52 *Amacur.*
grande Riviere.

53 *Aratori*, grande Riviere.

54 *Cawrooma*, grande Riviere.

55 *Oronoco*, Fleuve, qui a à son embouchure les Iles
de *Maipar.*
d'*Iracapono*
d'*Owarecapa.*
de *Warucana.*

Les *Arwaes* &c. sont ennemis des *Jaos.* Ils ont quantité de pierres blanches & vertes, dont ils se servent au trafiq. Ils parlent la même langue que les *Tinnitivas*, ainsi que les *Arricaris*, qui ont aussi beaucoup de pierres vertes & blanches. C'est aux environs d'*Iwaripoco*, que *Vincent Pinzone* trouva quantité d'Emeraudes. A l'égard du *Maipari*, du *Caiparog* & de l'*Arcoa*, je crois que
ce

ce font des branches du grand Fleuve
des *Amazones*. Les premieres montagnes qu'on voit, étant à la hauteur
du *Wianoko*, font au côté de l'Eft de
la Riviere. Il faut aux *Indiens* de ce
quartier vint journées de canot pour
naviger depuis l'embouchure de la
Riviere jufqu'au Lac où eft *Manoa*.
Cette Riviere a diverfes cataractes,
ainfi que celle de *Charles*; mais elles
font plus éloignées. Elle eft envi-
ronée de montagnes vers fon embouchure.

La Riviere de *Wia*, fe jette dans
la mer avec beaucoup de violence.
On trouve fur les bords de cette Riviere beaucoup de Bois de *Brefil*.

Les *Indiens* des environs de *Mam-
manuri* font en petits nombre, mais
fort cruels à leurs ennemis qu'ils
mangent fans mifericorde. C'eft
pour cela qu'ils n'emploient pas le
poifon dans les combats: au lieu que
la plupart de leurs voifins fe fervent
à la guerre de fléches trempées dans
le fuc d'une herbe nommée *Wapo-
to*.

Des *Indiens* de la *Guiane* occupent
les environs du *Capaleppo* & du *Curi-
timi*, Rivieres qui viennent des vallées

lées voifines de la fource de l'*Amana.*

L'*Uracco*, de même qu'une grande partie de ces Rivieres, n'eft pas également navigeable dans tout fon cours, à caufe des rochers qu'on rencontre. De l'embouchure de cette Riviere à fa fource, où les *Indiens* de la *Guiane* ont divers villages, il y a dix journées de navigation. Les bords de la Riviere & toute la côte ont beaucoup de miel, de baûme, & de Bois de *Brefil.* On y trouve auffi du coton & de l'herbe à foie. Les hamacs des *Indiens* de ce quartier là font travaillés avec beaucoup d'induftrie. On y trouve outre cela de l'or & des *Pedras Huadas* &c. Ils reçoivent des autres *Indiens* des plaques d'or en échange de leurs Canots & les plaques d'or font proportionnées à la grandeur des Canots. Ils les troquent auffi pour du fer. Par exemple une hâche eft la valeur ordinaire d'un Canot. Ils ont quantité de drogues, de gommes & de racines, qui demanderoient bien la recherche des habiles Botaniftes. Ils ont quatre plantes fort venimeufes, dont voici les noms.

Ou-

Ourari.

Aparaepo.

Caraffi.

Parapara.

Ils en ont auffi qui font des contre-poifons, favoir,

le *Turara.*

le *Wapo.*

le *Catarapama.*

le *Macatto.*

Je donne pour avis à ceux qui voudront pénetrer dans les Terres de l'*Amerique* du côté de la *Guiane*, qu'ils doivent prendre leur hauteur à la Trinité; cette route étant la plus courte & la plus facile.

Voici les noms des *Efpagnols*, qui en divers tems ont taché de découvrir la *Guiane*. *Diego d'Ordaca* partit en 1531. de *Leon* pour cette entreprife, entra par l'*Amana*, & marcha 15. jours avant que de pouvoir arriver à l'*Oronocco*. Il avoit amené un millier d'hommes avec lui d'*Efpagne*. Il mourut à fon retour. *Juan Cortez* entra dans l'*Amazone* avec trente hommes, & depuis on n'en a plus entendu parler. *Gafpar de Sylva* & fes deux freres fe mirent en mer à

Te-

Tenerife & prirent deux cens hommes avec eux pour renforcer *Diego*, dont je viens de parler. Ces trois freres allerent chercher le *Dorado* le long de l'*Amazone*. Mais après bien des peines inutiles, ils retourneront à la Trinité & y moururent tous les trois.

Jean Gonzales se mit en mer à la *Trinité* pour aller chercher la *Guiane* : mais sans un succés remarquable. Philipe de *Uren* & *Pedro* de *Limpias* ne furent pas plus heureux. Le dernier fut tué par le *Cacique Putima*. *Jeronimo d'Ortal* y dépensa une partie de son bien, & mourut ensuite subitement à *Saint Domingo*. *Ximenés* & *Pedro* d'*Orsua* tenterent le même dessein.

Le Moine *Sala* entra dans la *Guiane* en 1560. avec un autre Missionnaire son Compagnon. Ils avoient dans leur voiage des *Indiens* pour guides, & ils en raportoient des plaques & quelques figures d'or pur, quand, en passant une Riviere, ils furent massacrés par quelques *Indiens*. *Hernandez* de *Serpa*, *Diego* de *Vargas* & son fils perirent de même.

Caceres entreprit la découverte de la *Guiane* du côté de la *Nouvelle Gre-*

nade, mais il n'alla que jufqu'à *Ma-tachines*. Je ne dis rien de *Berreo*, ni de quelques autres dont il a déja été parlé dans la Relation de la *Guiane* par le Chevalier *Raleigh*.

Antoine Sedenne entreprit auffi en 15. . . . . d'aller decouvrir la *Guiane* avec trois cens hommes choifis. Il fit une capture affés confiderable en or, & prit quantité d'*Indiens*, qu'il enmena enchainés. Il en perit plufieurs en chemin, & les cadavres de ces malheureux *Indiens* attirerent aux *Efpagnols* la guerre des Tigres, qui vengerent les *Indiens. Sedenno* & la meilleure partie de fes gens perirent en *Guiane*.

Auguftin Delgado, tacha de faire cette découverte du côté des *Cumanawgotos* avec 53. fantaffins & trois Cavaliers. La Guerre des *Indiens* des montagnes contre ceux des vallées le favorifa fi bien, qu'il avança confiderablement dans le Païs. Un des *Caciques* du Païs le reçut le plus gracieufement qu'il fut poffible & lui fit prefent de joiaux d'or, d'efclaves & de quelques filles : mais les *Efpagnols*, les paie-

paierent d'ingratitude , leur enleverent autant d'or qu'ils purent , firent quantité de prifonniers & d'e-
fclaves , & les vendirent à *Cubagua.*
Dans la fuite *Delgado* fut tué par un
Indien.

Je ne dis rien des recherches de *Ray-*
nofo & de *François de Montefinos*;
parce que leurs voiages n'ont pas
fait beaucoup de bruit.

Fin de la Relation de la Guiane.

RE-

RELATION

EN FORME

DE JOURNAL,

De la découverte des Iles de Palaos, ou nouvelles Philippines.

PLONICE

EPLOGVE

EPISTOLA

De Iona

EN LONER

RETVLIO

RELATION

EN FORME

DE JOURNAL,

De la découverte des Iles de Palaos,
ou nouvelles Philippines.

LE Navire sur lequel nous nous embarquâmes pour aller à la découverte des Iles de *Palaos*, s'appelloit *la Sainte Trinité*, & avoit quatre-vingt-six hommes d'équipage. Il étoit commandé par le Sergent-Major Don François Padilla : il menoit avec lui les Peres Duberon & Cortil Missionnaires Jesuites, accompagnez du Frere Estienne Baudin, qui alloient porter la Foi chez ces Insulaires.

Ce fut le 14. de Novembre de l'année 1710, que je sortis des Iles Philippines, & que je fis route pour reconnoître les Iles de *Palaos*, me supposant être pour lors par treize dégrez neuf minutes de latitude, & par

144. dégrez 22. minutes de longitude.

Je navigeai quinze jours, comme il est marqué dans la Carte jour pour jour, & le 30. Novembre de la même année, nous découvrîmes la terre, qui nous restoit au Nord-Est trois dégrez Nord à environ trois lieuës, aiant observé quatre à cinq dégrez de variation Nord-Est dans cette route. Nous revirâmes de bord pour en approcher de plus près, & nous découvrîmes qu'il y avoit deux Iles, que le P. Dubaron nomma *les Iles de Saint André*, parce qu'on célébroit ce jour-là la fête de ce grand Apôtre.

Lorsque nous fumes proche des Iles, nous apperçumes un batteau qui venoit à nous, & dans lequel il y avoit de ces Insulaires qui nous crioient de loin : *Mapia*, *mapia*, c'est-à-dire, bonnes gens. Un Palaos qui avoit été baptisé à Manile, & que nous avions mené avec nous, se montra à eux, & leur parla. Aussitôt ils vinrent à bord : ils nous dirent que ces Iles s'appelloient *Sonsorol*, & qu'elles étoient du nombre des Iles de Palaos. Ils firent paroître

beau-

beaucoup de joye d'être avec nous,
& ils nous la témoignerent en nous
baisant les mains, & en nous em-
brassant.

Ces Peuples sont bien faits de corps,
& d'une complexion robuste : ils
vont tout nuds, excepté vers la
ceinture où ils se couvrent d'un
morceau de natte : leurs cheveux
sont presque crespus, ils ont fort peu
de barbe ; & pour se garantir de la
pluie, ils portent sur les épaules un
petit manteau fait de fil de patates,
& sur la tête une espèce de chapeau
de natte, au tour duquel ils attachent des plumes d'oyseaux toutes
droites. Ils furent surpris de voir
nos gens fumer du tabac, & ils parurent faire grand cas du fer. Quand
ils en apperçevoient, ils le regardoient avec des yeux avides, & ils
nous en demandoient sans cesse.

Après-midi deux autres batteaux
vinrent à nous chargez chacun de
huit hommes. Aussi-tôt qu'ils ap-
procherent de nôtre bord, ils se mirent à chanter : ils regloient la caden-
ce en frappant des mains sur leurs
cuisses. Quand ils eurent abordé,
ils prirent la longueur de nôtre bâti-

ment, s'imaginant qu'il étoit fait d'u-
ne seule piece de bois : quelques autres compterent les hommes qui é-
toient sur nôtre bord.   Ils nous apporterent quelques cocos, du poîs-
son, & des herbes.   Les Iles sont
toutes couvertes d'arbres jusques
sur le bord de la mer.   Leurs bateaux nous parurent assez bienfaits,
ils se servent de voiles latines, &
un côté du bateau est soutenu par
un contre-poids qui l'empêche de
tourner.

Nous leur demandâmes à quel ait
de vent restoit la principale de leurs
Iles, qui s'appelle *Paalaq*, & ils nous
montrerent le Nord-Nord-Est.   Ils
nous ajoûterent qu'au Sud-Quart-
Sud-Oüest, & au Sud-Quart-Sud-
Est, sont encore deux Iles, dont
l'une s'appelle *Mericres*, & l'autre
Poulo.

Quand nous nous fûmes un peu
approchez de la terre, j'envoiai mon
Aide-Pilote pour chercher avec la
sonde un endroit où l'on pût moüil-
ler.   La chaloupe étant arrivée à un
quart de lieuë de l'Ile, elle fut abor-
dée par deux bateaux du païs où il
y avoit plusieurs de ces Insulaires :
l'un

l'un d'eux aiant apperçu un fabre, le prit, le regarda attentivement, & se jetta à la mer l'emportant avec lui. Mon Aide-Pilote ne put trouver aucun lieu propre à jetter l'ancre, parce que le fond étoit de roche, & qu'il y avoit grand fond par tout. Quand il fut de retour, j'envoiai encore sur les trois heures un autre homme pour chercher un moüillage. Il alla tout auprès de la terre, & il trouva, comme le premier, qu'il y avoit par tout grand fond de roche; & ainsi nul endroit où l'on pût jetter l'ancre.

Pendant ce temps-là je me soutenois à la voile contre le courant qui portoit avec vitesse au Sud-Est. Mais le vent étant venu à manquer, nous dérivâmes au large. Alors les Insulaires qui étoient venus sur nôtre bord rentrerent dans leur bateau pour s'en retourner. Les deux Missionnaires voulurent engager l'un d'eux à demeurer avec nous, mais ils ne purent l'y résoudre : ils l'entretinrent quelque temps des véritez de la Religion, & ils lui firent prononcer les Saints Noms de Jesus & de Marie; ce qu'il fit. On l'interro-

gea

ges sur la grandeur de l'Ile & sur
le nombre de ses habitans. Il répondit que l'Ile avoit bien deux lieuës &
demie de tour, & qu'il pouvoit y a-
voir huit cens personnes : qu'ils vi-
voient de cocos, de poisson &
d'herbages. J'observai la hauteur du
Soleil à midi, & je me trouvai par
cinq dégrez seize minutes de latitude Nord ; & la variation au lever du
Soleil, fut trouvée de cinq dégrez
Nord-Est.

Les courans nous emporterent au
large vers le Sud-Est avec violence
de sorte que nous ne pûmes rega-
gner la terre que le quatriéme à six
heures du matin. Nous nous trou-
vâmes alors à l'embouchure des deux
Iles. J'envoiai la chaloupe pour chercher un bon mouïllage. Ce fut inutilement. Elle revint à quatre heures du soir, apportant pour nouvelle, qu'il y avoit grand fond de roche par tout, & qu'il étoit impossible de jetter l'ancre au large. Nous

Le cinquiéme à sept heures du
matin, les Peres Duberon & Gonil
formerent le dessein d'aller à terre
pour y planter une croix. Don
Pa-

Padilla & moi leur repréſentâmes les
dangers auſquels ils s'expoſoient, ce
qu'ils avoient à craindre des Inſulai-
res dont ils ne connoiſſoient point le
genie, & l'embarras où ils ſe trouve-
roient ſi les courans jettoient le vaiſſeau au large, en ſorte qu'il ne pût
approcher de la terre pour les prendre ou pour les ſecourir. Leur zéle n'écouta aucune de ces difficul-
tez, & ils perſiſterent dans leur premiere réſolution. Ils laiſſerent donc
le F. Baudin dans le Navire, & ils
entrerent dans la chaloupe avec le
Contre-Maître du Vaiſſeau, & l'En-
ſeigne des troupes qu'on deſtinoit à
mettre à terre. Ils emmenerent auſſi
le Palaos, dont j'ai parlé, avec ſa femme & ſes enfans.

Les deux Miſſionnaires étant partis, nous nous ſoutinſmes à la voile
toute la journée contre les courans à
la faveur du vent. Mais le ſoir le vent
aiant manqué, le courant nous jetta
au large. Nous mîmes toute la nuit
un fanal au beaupré, & un autre à
l'artimon, afin qu'on pût découvrir
de l'Ile où nous étions. La nuit nous
eûmes quelques grains du Nord-Eſt
au Nord-Ouëſt, du Ouëſt, & du
Sud-

Sud-Est : & le matin à la pointe du
jour la grande Ile nous restoit au
Nord-Quart Nord-Ouest à environ
huit lieuës.

Jufqu'au neuviéme à midi, nous
fîmes tous nos efforts pour approcher de la terre, fans pouvoir rien
gagner ; au contraire nous nous en
éloignions de plus en plus. Je me
trouvai par cinq degrez vingt-huit
minutes de latitude. Nous pafîmes
confeil fur le parti qu'il y avoit à
prendre. Don Padilla, le Frere Jefui-
te, mon Aide Pilote & moi, fûmes
d'avis de faire route pour découvrir
l'Ile de *Panloq* Capitale de toutes ces
Iles, qui eft éloignée de celle que
nous quittions d'environ 30 lieuës.

Ce fut le onziéme à neuf heures
du matin que nous découvrîmes
Panloq, & à midi je me trouvai par
fept degrez quatorze minutes de latitude Nord, environ à une lieuë au
large de l'Ile. Sur les quatre heures
du foir quatre bateaux s'approche-
rent de nôtre bord, fe tenant néan-
moins au large de la longueur d'un
demi cable : peu après ils furent fuivis de deux autres bateaux. Enfin
quelques-uns de ces Infulaires qui
étoient

étoient dans les bateaux, se jetterent
à la mer, & vinrent à nôtre bord :
ils ne cherchoient qu'à voler ce qui
pouvoit leur tomber sous la main.
L'un deux voiant une chaîne atta-
chée au bord, la halloit de toutes ses
forces pour la rompre & l'emporter.
Un autre en fit autant à un organeau.
Un troisiéme aiant mis la tête dans
un sabor, vit des rideaux de lit; il
il les prit à deux mains, & les tiroit
de toutes ses forces ; mais quelques
uns de nos gens l'aiant apperçu, y
accoururent, & aussi-tôt il se jetta à
la mer.

Don Padilla voiant jusqu'où ces
Barbares portoient leur avidité, fit
mettre ses Soldats sous les armes,
car il y avoit bien 80. hommes dans
ces six bateaux, & il leur fit signe
de ne point approcher. Enfin sur les
cinq heures du soir ils prirent leur
route vers la terre. En se retirant ils
décocherent plusieurs fléches contre
nous, dont quatre furent à bord, &
une s'attacha à la poupe du Vaisseau. Alors Don Padilla fit faire sur
eux une décharge de mousqueterie.
A ce bruit ils se jetterent tous à la

mer,

mer, & abandonnerent leurs bateaux, nageant droit à terre avec une
vitesse extraordinaire. Puis voiant
qu'on ne tiroit plus ils regagne-
rent leurs bateaux, s'y embar-
querent, & s'enfuirent à toutes
rames. Ces Insulaires vont tout
nuds : quelques-uns d'eux se peignent le corps de diverses couleurs. Leur peau est communé-
ment de couleur olivâtre, d'autres
l'ont plus noire. Ils ne nous apporterent que quelques coqos.

Le douzième nous n'eûmes presque pas de vent : nous nous tin-
mes bord sur bord, sans néan-
moins trop approcher de la terre.
Sur les quatre heures il vint encore à nous deux bateaux, d'où
l'on nous faisoit divers signes en
nous parlant ; mais comme nous
n'avions plus d'Interpretes, nous
ne pûmes sçavoir ce qui se disoit.
Sur les neuf heures du soir les vents
vinrent au Sud-Sud-Est, assez
frais, & les courans nous portoient
au Nord avec vitesse. Ainsi je pris
le parti de passer entre deux Iles
le Cap au Nord-Nord-Ouest : ce
Ca-

Canal avoit environ une petite lieuë de largeur.

Le treizième étant à l'Ouëst de ces Iles, nous tinsmes conseil sur ce que nous avions à faire, & il fut conclu qu'il falloit retourner à *Sonsorol* pour apprendre des nouvelles des deux Missionnaires qui y étoient restez, & de nôtre chaloupe. Le dix-huit je me trouvai Nord & Sud de l'Ile. Nous demeurâmes-là toute la journée bord sur bord jusqu'à six heures du soir, sans appercevoir aucun bateau, quoique nous ne fussions qu'à une portée de canon de la terre. Nous rodâmes toute la côte du Ouëst de l'Ile jusques au 20, qu'un grain forcé du Sud-Est Nord-Est, nous obligea de quitter la terre, & de faire vent arriere avec la misaine.

Le 21. nous approchâmes encore de la terre, & à deux heures après-midi nous n'en étions qu'à trois quarts de lieuës, sans appercevoir aucun bateau. Alors un second grain de l'Est Nord-Est forcé nous aiant pris, nous obligea de faire le Ouëst-Nord-Ouëst avec la seule misai-

faine? Nous tinfmes encore une fois
confeil, & faifant refléxion que nous
n'avions point de chaloupe , & que
nous commencions à manquer d'eau,
fans favoir où nous pourrions en faire, nous fumes tous d'avis que l'u-
nique parti qu'il y eût à prendre, é-
toit de nous en retourner à Manile
pour y porter cette trifte nouvelle.
Mais comme la faifon des vents de
Nord & Nord-Eft , étoit déja for-
mée , nous fumes obligez de faire le
tour de Mindanao , felon qu'il eft
marqué dans la Carte.

Fin de la Relation.

T A.

TABLE
DES
CHAPITRES,
De la Troisiéme Partie des VOIA-
GES de François Coreal.

TABLE DES CHAPITRES.

CPSIA information can be obtained
at www.ICGtesting.com
Printed in the USA
BVHW060944240419
546394BV00020B/1296/P